www.ingramcontent.com/pod-product-compliance
Lightning Source LLC
LaVergne TN
LVHW010215070526
838199LV00062B/4597
9789369088997

لہروں کی شہنائی

ساحر لدھیانوی کے منتخب فلمی نغمے

حصہ اول

مرتبہ : اعجاز عبید

© Taemeer Publications LLC

Lehron ki Shehnai - Part-1
by: Sahir Ludhianvi
Edition: May '2025
Publisher :
Taemeer Publications LLC (Michigan, USA / Hyderabad, India)

ISBN 978-93-6908-899-7

9 789369 088997

مصنف یا ناشر کی پیشگی اجازت کے بغیر اس کتاب کا کوئی بھی حصہ کسی بھی شکل میں بشمول ویب سائٹ پر اَپ لوڈنگ کے لیے استعمال نہ کیا جائے۔ نیز اس کتاب پر کسی بھی قسم کے تنازع کو نمٹانے کا اختیار صرف حیدرآباد (تلنگانہ) کی عدلیہ کو ہو گا۔

© تعمیر پبلی کیشنز

کتاب	:	**لہروں کی شہنائی: حصہ-1**
مصنف	:	**ساحر لدھیانوی**
ترتیب / تدوین	:	اعجاز عبید
صنف	:	فلمی شاعری
ناشر	:	تعمیر پبلی کیشنز (حیدرآباد، انڈیا)
سالِ اشاعت	:	۲۰۲۵ء
صفحات	:	۱۷۰
سرورق ڈیزائن	:	تعمیر ویب ڈیزائن

فہرست

پہلی بات 3

پہلی فلم : بازی 5

فلم : پھر صبح ہوگی 30

فلم : ہم دونوں 45

فلم : دل ہی تو ہے 55

فلم : برسات کی رات 71

فلم : آج اور کل 97

فلم : ہم راز 109

فلم : امانت 117

فلم : شگون 121

فلم : وقت 133

فلم : غزل 145

فلم : سادھنا 157

1

پہلی بات

یادش بخیر، وہ زمانہ یاد آتا ہے جب پہلی بار ہمارے گھر میں 'گاتا جائے بنجارہ' پاکٹ بکس کی شکل میں آئی۔ بلکہ آئی کہنا غلط ہے، میں خود امی کی فرمائش پر اندور کے گھر کے سامنے 'پنجاب بک سٹال' رانی پورہ روڈ سے خرید کر لایا۔ یہ پاکٹ بک ۱۹۶۹ء تک ہمارے پاس رہی، پھر یاد نہیں کہ علی گڑھ ہجرت کرتے وقت کہاں گئی! بہر حال اندور میں یہ ہم سب کی پسندیدہ کتاب تھی اور ساحر کی شاعری پسندیدہ شاعری (امی کی پسند ہی ہم دونوں بھائی بہن کی پسند ہوتی تھی ان دنوں)۔ اس کتاب کی آمد سے پہلے ساحر کے گیت ان فلمی گانوں کی کتابوں میں ملتے تھے جو ایک آنہ، دو آنہ کی ہر فلم کے گانوں پر مشتمل کتابچوں میں شامل ہوتے تھے (جی ہاں، یہ وہ زمانہ تھا جب کوئی کوئی فلمی گانوں کی کتاب اردو میں بھی ملتی تھی! ورنہ ہندی میں بھی ملنے والی کتاب خرید لی جاتی تھی)

لیکن اس وقت بھی 'گاتا جائے بنجارہ' سے یہ شکایت تھی کہ اس میں بہت سے ایسے گیت تھے جو ہمارے سنے ہوئے نہیں تھے۔ تعجب یہ تھا کہ ساحر نے ساٹھ کی دہائی میں چھپنے والی اس کتاب میں ۱۹۷۶ء میں آنے والی فلم 'کبھی کبھی' کے دو گیت شامل کر رکھے تھے! شاید ان کا ارادہ ہی ہوگا کہ 'میں پل دو پل کا شاعر ہوں' اور 'کبھی کبھی مرے دل میں خیال آتا ہے' کو فلمی گیتوں میں شامل کیا جائے۔

عرصے کے بعد غالباً ۲۰۰۹۔ ۲۰۱۰ء میں عزیزی محمد بلال اعظم نے ساحر کے گیت جمع کئے تھے جن کو میں نے 'دور گگن پر' نامی ای بک کے طور پر 'اردو کی برقی کتابیں' میں شائع کیا تھا۔ لیکن اس وقت

سے یہ خواہش ہی رہی کہ جس طرح فلمی گانوں کی کتابوں میں آوازوں کے مطابق (مثلاً دوگانوں میں لتا منگیشکر اور محمد رفیع وغیرہ کے الگ الگ حصے) گیت دئے جاتے تھے، اور جو مصرعے دہرائے گئے ہوں، انہیں دو بار لکھا جاتا تھا، اسی طرز پر ساحر کے گیت بھی مرتب کئے جائیں۔ آخر چالیس پچاس سال پرانا خواب آج پورا ہو رہا ہے کہ یہ کتاب آپ کے سامنے ہے۔

اس کتاب میں ساحر کے سارے گیت تو شامل نہیں ہیں، جو جو مجھے یاد آتے گئے، ان کو تلاش کرتا رہا کہ متن اردو یا ہندی میں مل جائے جسے اردو میں سافٹ وئر کے ذریعے تبدیل کیا جا سکے، یا گوگل او سی آر کی مدد سے حاصل ہو سکے۔ پھر کچھ یادداشت کے سہارے، کچھ گیت انٹر نیٹ پر دوبارہ سن کر ان سب باتوں کا اضافہ کر دیا ہے جو میں اپنی خواہش کے مطابق دیکھنا چاہتا تھا اور شاید میری ہی طرح دوسرے شائقین بھی چاہتے ہوں۔

ان گیتوں کی ترتیب فلموں کے حساب سے ہی کی گئی ہے۔ اور فلم کے نام کے بعد ہی موسیقار کا نام شامل کر دیا گیا ہے۔ ہر گیت کے گلوکار کا نام بھی شامل ہے۔ اگر کوئی غلطی ہو گئی ہو تو قارئین سے درخواست ہے کہ اسے ہمارے علم میں لایا جائے تاکہ اگلے ورژن میں اس کی درستی کر دی جائے۔

پیش ہے اس کتاب کا پہلا حصہ۔

اعجاز عبید

۳۰، اپریل ۲۰۲۵ء

سپرنگ، ٹیکسس، یو ایس اے

***

پہلی فلم : بازی

موسیقار : سچن دیو برمن

تدبیر سے بگڑی ہوئی تقدیر بنا لے

آواز : گیتا دت

تدبیر سے بگڑی ہوئی تقدیر بنا لے

تقدیر بنا لے

اپنے پہ بھروسہ ہے تو اک داؤ لگا لے

لگا لے داؤ لگا لے

ڈرتا ہے زمانے کی نگاہوں سے بھلا کیوں

نگاہوں سے بھلا کیوں

انصاف تیرے ساتھ ہے الزام اٹھا لے

الزام اٹھا لے

اپنے پہ بھروسہ ہے تو اک داؤ لگا لے

لگا لے داؤ لگا لے

کیا خاک وہ جینا ہے جو اپنے ہی لیے ہو

جو اپنے ہی لیے ہو

خود مٹ کے کسی اور کو مٹنے سے بچا لے

مٹنے سے بچا لے

اپنے پہ بھروسہ ہے تو اک داؤ لگا لے

لگا لے داؤ لگا لے

ٹوٹے ہوئے پتوار ہیں کشتی کے تو ہم کیا

کشتی کے تو ہم کیا

ہاری ہوئی باہوں کو ہی پتوار بنا لے

پتوار بنا لے

اپنے پہ بھروسہ ہے تو اک داؤ لگا لے

لگا لے داؤ لگا لے
***

یہ کون آیا۔۔

آواز: گیتا دت

یہ کون آیا کہ میرے دل کی دنیا میں بہار آئی
یہ کون آیا کہ میرے دل کی دنیا میں بہار آئی
یہ کون آیا۔۔۔

اچانک یہ میرے ہاتھوں میں کس کا ہاتھ آیا ہے
نہ میں جانوں نہ دل جانے، وہ اپنا یا پرایا ہے
یہ کون آیا کہ میں اپنی ہی دھڑکن سن کے شرمائی
یہ کون آیا۔۔۔

دلہن بن کے جوانی کی امنگیں گنگناتی ہیں
بتا ہے کون آنکھوں میں کہ آنکھیں مسکراتی ہیں

بکھر کے کس کی باہوں میں یہ میری زلف لہرائی
یہ کون آیا۔۔۔

یہ کون آیا کہ میرے دل کی دنیا میں بہار آئی
یہ کون آیا۔۔۔
***

فلم : پیاسا

موسیقی : سچن دیو برمن

جانے وہ کیسے لوگ تھے جن کے پیار کو پیار ملا

آواز : ہیمنت کمار

جانے وہ کیسے لوگ تھے جن کے پیار کو پیار ملا
ہم نے تو جب کلیاں مانگیں کانٹوں کا ہار ملا
جانے وہ کیسے...

خوشیوں کی منزل ڈھونڈھی تو غم کی گرد ملی
چاہت کے نغمے چاہے تو آہِ سرد ملی

دل کے بوجھ کو دھند لا کر گیا جو غم کھار ملا
ہم نے تو جب۔۔۔
جانے وہ کیسے۔۔۔

بچھڑ گیا
بچھڑ گیا
بچھڑ گیا، بچھڑ گیا ہر ساتھی دے کر پل دو پل کا ساتھ
کس کو فرصت ہے جو تھامے دیوانوں کا ہاتھ
ہم کو اپنا سایہ تک اکثر بیزار ملا
ہم نے تو جب۔۔۔
جانے وہ کیسے۔۔۔

اس کو ہی جینا کہتے ہیں تو یونہی جی لیں گے
اف نہ کریں گے، لب سی لیں گے، آنسو پی لیں گے
غم سے اب گھبرانا کیسا، غم سو بار ملا
ہم نے تو جب۔۔۔
جانے وہ کیسے۔۔۔

***

یہ دنیا اگر مل بھی جائے تو کیا ہے

آواز : محمد رفیع

یہ محلوں یہ تختوں یہ تازوں کی دنیا
یہ انساں کے دشمن سماجوں کی دنیا
یہ دولت کے بھوکے رواجوں کی دنیا
یہ دنیا اگر مل بھی جائے تو کیا ہے

ہر اک جسم گھایل ہر اک روح پیاسی
نگاہوں میں الجھن دلوں میں اداسی
یہ دنیا ہے یا عالم بدحواسی
یہ دنیا اگر مل بھی جائے تو کیا ہے

یہاں اک کھلونا ہے انساں کی ہستی
یہ بستی ہے مردہ پرستوں کی بستی

یہاں پر تو جیون سے ہے موت سستی
یہ دنیا اگر مل بھی جائے تو کیا ہے

جوانی بھٹکتی ہے بدکار بن کر
جواں جسم سجتے ہیں بازار بن کر
یہاں پیار ہوتا ہے بیوپار بن کر
یہ دنیا اگر مل بھی جائے تو کیا ہے

یہ دنیا جہاں آدمی کچھ نہیں ہے
وفا کچھ نہیں دوستی کچھ نہیں ہے
جہاں پیار کی قدر ہی کچھ نہیں ہے
یہ دنیا اگر مل بھی جائے تو کیا ہے

جلا دو اسے پھونک ڈالو یہ دنیا
مرے سامنے سے ہٹا لو یہ دنیا
تمہاری ہے تم ہی سنبھالو یہ دنیا
یہ دنیا اگر مل بھی جائے تو کیا ہے

***

جنہیں ناز ہے ہند پر۔۔۔۔

آواز: محمد رفیع

یہ کوچے، یہ نیلام گھر دل کشی کے
یہ لٹتے ہوئے کارواں زندگی کے
کہاں ہیں، کہاں ہے، محافظ خودی کے
جنہیں ناز ہے ہند پر وہ کہاں ہیں
کہاں ہیں، کہاں ہیں، کہاں ہیں

یہ پُرپیچ گلیاں، یہ بدنام بازار
یہ گمنام راہی، یہ سکوں کی جھنکار
یہ عصمت کے سودے، یہ سودوں پہ تکرار
جنہیں ناز ہے ہند پر وہ کہاں ہیں
کہاں ہیں، کہاں ہیں، کہاں ہیں

یہ صدیوں سے بے خواب، سہمی سی گلیاں
یہ مسلی ہوئی ادھ کھلی زرد کلیاں
یہ بکتی ہوئی کھوکھلی رنگ رلیاں
جنہیں ناز ہے ہند پر وہ کہاں ہیں
کہاں ہیں، کہاں ہیں، کہاں ہیں

وہ اجلے دریچوں میں پائل کی چھن چھن
تھکی ہاری سانسوں پے طبلے کی دھن دھن
یہ بے روح کمروں میں کھانسی کی ٹھن ٹھن
جنہیں ناز ہے ہند پر وہ کہاں ہیں
کہاں ہیں، کہاں ہیں، کہاں ہیں

یہ پھولوں کے گجرے، یہ پیکوں کے چھینٹے
یہ بیباک نظریں، یہ گستاخ فقرے
یہ ڈھلکے بدن اور یہ بیمار چہرے
جنہیں ناز ہے ہند پر وہ کہاں ہیں

کہاں ہیں، کہاں ہیں، کہاں ہیں

یہاں پیر بھی آ چکے ہیں، جواں بھی
تنومند بیٹے بھی، ابا میاں بھی
یہ بیوی بھی ہے اور بہن بھی ہے، ماں بھی
جنہیں ناز ہے ہند پر وہ کہاں ہیں
کہاں ہیں، کہاں ہیں، کہاں ہیں

مدد چاہتی ہے یہ حوا کی بیٹی
یشودا کی ہم جنس، رادھا کی بیٹی
پیمبر کی امت، زلیخا کی بیٹی
جنہیں ناز ہے ہند پر وہ کہاں ہیں
کہاں ہیں، کہاں ہیں، کہاں ہیں

ذرا ملک کے رہبروں کو بلاؤ
یہ کوچے، یہ گلیاں، یہ منظر دکھاؤ
جنہیں ناز ہے ہند پر ان کو لاؤ

جنہیں ناز ہے ہند پر وہ کہاں ہیں
کہاں ہیں، کہاں ہیں، کہاں ہیں
***

سر جو ترا چکرائے۔۔۔

آواز: محمد رفیع

سر جو ترا چکرائے، یا دل ڈوبا جائے
آجا پیارے پاس ہمارے، کاہے گھبرائے، کاہے گھبرائے

تیل مرا ہے مسکی (مشکی)، گنج رہے نہ کھسکی (خشکی)
جس کے سر پر ہاتھ پھرادوں، چمکے قسمت اس کی
سن سن سن، ارے بیٹا سن، اس چمپی میں بڑے بڑے گن
لاکھ دکھوں کی ایک دوا ہے، کیوں نہ آزمائے
کاہے گھبرائے، کاہے گھبرائے
سر جو ترا۔۔۔

پیار کا ہووے جھگڑا، یا بزنس کا ہو رگڑا
سب لفڑوں کا بوجھ ہٹے جب پڑے ہاتھ اک تگڑا
سن سن سن، ارے بابو سن، اس چمپی میں بڑے بڑے گن
لاکھ دکھوں کی ایک دوا ہے، کیوں نہ آزمائے
کاہے گھبرائے، کاہے گھبرائے
سر جو ترا۔۔۔

نوکر ہو یا مالک، لیڈر ہو یا پبلک
اپنے آگے سبھی جھکیں ہیں، کیا راجہ کیا سینک
سن سن سن، ارے بیٹا سن، اس چمپی میں بڑے بڑے گن
لاکھ دکھوں کی ایک دوا ہے، کیوں نا آزمائے
کاہے گھبرائے، کاہے گھبرائے
سر جو ترا....
***

ہم آپ کی آنکھوں میں۔۔۔

آواز : محمد رفیع، آشا بھوسلے

رفیع : ہم آپ کی آنکھوں میں، اس دل کو بسا دیں تو
آشا : ہم موند کے پلکوں کو، اس دل کو سزا دیں تو

رفیع : ان زلفوں میں گوندھیں گے ہم پھول محبت کے
آشا : زلفوں کو جھٹک کر ہم یہ پھول گرا دیں تو
رفیع : ہم آپ کی آنکھوں میں۔۔۔

رفیع : ہم آپ کو خوابوں میں لا، لا کے ستائیں گے
آشا : ہم آپ کی آنکھوں سے نیندیں ہی اڑا دیں تو
رفیع : ہم آپ کی آنکھوں میں۔۔۔

رفیع : ہم آپ کے قدموں پر گر جائیں گے غش کھا کر
آشا : اس پر بھی نہ ہم اپنے آنچل کی ہوا دیں تو
رفیع : ہم آپ کی آنکھوں میں۔۔۔
***

تنگ آ چکے ہیں کشمکش زندگی سے ہم

آواز : محمد رفیع

تنگ آ چکے ہیں کشمکش زندگی سے ہم
ٹھکرا نہ دیں جہاں کو کہیں بے دلی سے ہم

ہم غمزدہ ہیں لائیں کہاں سے خوشی کے گیت
۔ ۔ ۔ کہاں سے خوشی کے گیت
دیں گے وہی جو پائیں گے اس زندگی سے ہم
تنگ آ چکے ہیں ۔ ۔ ۔

ابھریں گے ایک بار ابھی دل کے ولولے
۔ ۔ ۔ دل کے ولولے
گو دب گئے ہیں بار غم زندگی سے ہم

تنگ آ چکے ہیں۔۔۔

لو آج ہم نے توڑ دیا رشتۂ امید

۔۔۔ رشتۂ امید
لو اب کبھی گلہ نہ کریں گے کسی سے ہم
***

یہی گیت آشا بھوسلے نے فلم 'لائٹ ہاؤس'' میں بھی گایا ہے۔ موسیقار این دتّا

اصل غزل

تنگ آ چکے ہیں کشمکش زندگی سے ہم
ٹھکرا نہ دیں جہاں کو کہیں بے دلی سے ہم

مایوسیِ مآل محبت نہ پوچھیے
اپنوں سے پیش آئے ہیں بیگانگی سے ہم

لو آج ہم نے توڑ دیا رشتۂ امید

لو اب کبھی گلہ نہ کریں گے کسی سے ہم

ابھریں گے ایک بار ابھی دل کے ولولے
گو دب گئے ہیں بارِ غم زندگی سے ہم

گر زندگی میں مل گئے پھر اتفاق سے
پوچھیں گے اپنا حال تری بے بسی سے ہم

اللہ رے فریب مشیت کہ آج تک
دنیا کے ظلم سہتے رہے خامشی سے ہم
***

جانے کیا تو نے کہی

آواز: گیتا دت

جانے کیا تو نے کہی، جانے کیا میں نے سنی
بات کچھ بن ہی گئی
جانے کیا تو نے کہی، جانے کیا میں نے سنی
بات کچھ بن ہی گئی
جانے کیا تو نے کہی

سنسناہٹ سی ہوئی، تھر تھراہٹ سی ہوئی
سنسناہٹ سی ہوئی، تھر تھراہٹ سی ہوئی
جاگ اٹھے خواب کئی، بات کچھ بن ہی گئی
جانے کیا تو نے کہی، جانے کیا میں نے سنی
بات کچھ بن ہی گئی

جانے کیا تو نے کہی

نین جھک جھک کے اٹھے، پانوں رک رک کے اٹھے
نین جھک جھک کے اٹھے، پانوں رک رک کے اٹھے
آ گئی چال نئی، بات کچھ بن ہی گئی
جانے کیا تو نے کہی، جانے کیا میں نے سنی
بات کچھ بن ہی گئی
جانے کیا تو نے کہی

زلف شانے پہ مڑی، ایک خوشبو سی اڑی
زلف شانے پہ مڑی، ایک خوشبو سی اڑی
کھل گئے راز کئی، بات کچھ بن ہی گئی
جانے کیا تو نے کہی، جانے کیا میں نے سنی
بات کچھ بن ہی گئی

***

آج سجن موہے انگ لگا لو

آواز : گیتا دت

آج سجن موہے انگ لگا لو، جنم سپھل ہو جائے
ہر دے کی پیڑا، دیہہ کی اگنی، سب شیتل ہو جائے
آج سجن موہے انگ لگا لو، جنم سپھل ہو جائے

کیے لاکھ جتن، مورے من کی تپن، مورے تن کی جلن نہیں جائے
کیسی لاگی یہ لگن، کیسی جاگی یہ اگن، جیا دھیر دھرن نہیں پائے
پریم سدھا اتنی برسا دو، جگ جل تھل ہو جائے
آج سجن موہے انگ لگا لو، جنم سپھل ہو جائے

کئی جگوں سے ہیں جاگے، مورے نین ابھاگے، کہیں جیا نہیں لاگے بن تورے
سکھ دیکھے ناہیں آگے، دکھ پیچھے پیچھے بھاگے، جگ سونا سونا لاگے بن تورے

پریم سدھا اتنی برسا دو، جگ جل تھل ہو جائے
آج سجن موہے انگ لگا لو، جنم سپھل ہو جائے

موہے اپنا بنا لو، موری بانہہ پکڑ، میں ہوں جنم جنم کی داسی
موری پیاس بجھا دو، من ہر گردھر، میں ہوں انتر گھٹ تک پیاسی
پریم سدھا اتنی برسا دو، جگ جل تھل ہو جائے
آج سجن موہے انگ لگا لو، جنم سپھل ہو جائے
★★★

فلم : پھر صبح ہوگی

موسیقار : خیام (محمد ظہور)

پھر نہ کیجے مری گستاخ نگاہی کا گلہ
آوازیں : مکیش، آشا بھوسلے

مکیش :

پھر نہ کیجے مری گستاخ نگاہی کا گلہ
دیکھئے آپ نے پھر پیار سے دیکھا مجھ کو

آشا :

میں کہاں تک نہ نگاہوں کو پلٹنے دیتی
آپ کے دل نے کئی بار پکارا مجھ کو

مکیش :

اس قدر پیار سے دیکھو نہ ہماری جانب
دل اگر اور مچل جائے تو مشکل ہوگی

آشا :

تم جہاں میری طرف دیکھ کے رک جاؤ گے
وہی منزل مری تقدیر کی منزل ہوگی

مکیش :

دیکھنے آپ نے پھر پیار سے دیکھا مجھ کو

آشا :

آپ کے دل نے کئی بار پکارا مجھ کو

مکیش :

ایک یوں ہی سی نظر دل کو جو چھو لیتی ہے
کتنے ارمان جگاتی ہے تمہیں کیا معلوم

آشا :

روح بے چین ہے قدموں سے لپٹنے کے لئے

تم کو ہر سانس بلاتی ہے تمہیں کیا معلوم

مکیش :

دیکھنے آپ نے پھر پیار سے دیکھا مجھ کو

آشا :

آپ کے دل نے کئی بار پکارا مجھ کو

مکیش :

ہر نظر آپ کی جذبات کو اکساتی ہے
میں اگر ہاتھ پکڑ لوں تو خفا مت ہونا

آشا :

میری دنیائے محبت ہے تمہارے دم سے
میری دنیائے محبت سے جدا مت ہونا

مکیش :

دیکھنے آپ نے پھر پیار سے دیکھا مجھ کو

آشا :

آپ کے دل نے کئی بار پکارا مجھ کو

***

چین و عرب ہمارا، ہندوستاں ہمارا

آواز : مکیش

چین و عرب ہمارا، ہندوستاں ہمارا
رہنے کو گھر نہیں ہے، سارا جہاں ہمارا
چین و عرب ہمارا۔۔۔

کھولی بھی چھن گئی ہے، بینچیں بھی چھن گئی ہیں
سڑکوں پہ گھومتا ہے، اب کارواں ہمارا
چین و عرب ہمارا۔۔۔

جیبیں ہیں اپنی خالی، کیوں دیتا ورنہ گالی
وہ سنتری ہمارا، وہ پاسباں ہمارا

چین و عرب ہمارا . . .

جتنی بھی بلڈنگیں تھیں ، سیٹھوں نے بانٹ لی ہیں
فُٹ پاتھ بمبئی کے ہیں آشیاں ہمارا
چین و عرب ہمارا . . .

سونے کو ہم قلندر ، آتے ہیں بوری بندر
ہر اک قُلی یہاں کا ہے رازداں ہمارا
چین و عرب ہمارا . . .

تعلیم ہے ادھوری ، ملتی نہیں مجوری
معلوم کیا کسی کو ، دردِ نہاں ہمارا
چین و عرب ہمارا . . .

پتلا ہے حال اپنا ، لیکن لہو ہے گاڑا
فولاد سے بنا ہے ، ہر نوجواں ہمارا
چین و عرب ہمارا . . .

مِل جُل کے اِس وطن کو، ایسا سجائیں گے ہَم
حیرت سے منہ تکے گا، سارا جہاں ہمارا
چین و عرب ہمارا...

***

آسماں پہ ہے خدا

آواز : مکیش

آسماں پہ ہے خدا اور زمیں پہ ہم
آج کل وہ اس طرف دیکھتا ہے کم
آسماں پہ ہے خدا اور زمیں پہ ہم

آج کل کسی کو وہ ٹوکتا نہیں
چاہے کچھ بھی کیجیۓ روکتا نہیں
ہو رہی ہے لوٹ مار، پھٹ رہے ہیں بم
آسماں پہ ہے خدا اور زمیں پہ ہم
آج کل وہ اس طرف دیکھتا ہے کم
آسماں پہ ہے خدا اور زمیں پہ ہم

کس کو بھیجے وہ یہاں خاک چھاننے
اس تمام بھیڑ کا حال جاننے
آدمی ہیں ان گنت، دیوتا ہیں کم
آسماں پہ ہے خدا اور زمیں پہ ہم
آج کل وہ اس طرف دیکھتا ہے کم
آسماں پہ ہے خدا اور زمیں پہ ہم

جو بھی ہے وہ ٹھیک ہے ذکر کیوں کریں
ہم ہی سب جہان کی فکر کیوں کریں
جب اسے ہی غم نہیں کیوں ہمیں ہو غم
آسماں پہ ہے خدا اور زمیں پہ ہم
آج کل وہ اس طرف دیکھتا ہے کم
آسماں پہ ہے خدا اور زمیں پہ ہم

***

دو بوندیں ساون کی

آواز : آشا بھوسلے

دو بوندیں ساون کی۔ ۔ ۔ ۔
اک ساگر کی سیپ میں ٹپکے اور موتی بن جائے
دوجی گندے جل میں گر کر اپنا آپ گنوائے
کس کو مجرم سمجھے کوئی، کس کو دوش لگائے
دو بوندیں ساون کی۔ ۔ ۔ ۔

دو کلیاں گلشن کی۔ ۔ ۔ ۔
اک سہرے کے بیچ گندھے اور من ہی من اترائے
اک ارتھی کی بھینٹ چڑھے اور دھولی میں مل جائے
کس کو مجرم سمجھے کوئی، کس کو دوش لگائے
دو کلیاں گلشن کی

دو سکھیاں بچپن کی۔۔۔۔
اک سنگھاسن پر بیٹھے، اور روپ متی کہلائے
دوجی اپنے روپ کے کارن، گلیوں میں بک جائے
کس کو مجرم سمجھے کوئی، کس کو دوش لگائے
دو سکھیاں بچپن کی۔۔۔۔
***

وہ صبح کبھی تو آئے گی

آواز : مکیش

وہ صبح کبھی تو آئے گی
وہ صبح کبھی تو آئے گی
ان کالی صدیوں کے سر سے، جب رات کا آنچل ڈھلکے گا
جب دکھ کے بادل پگھلیں گے، جب سکھ کا ساگر چھلکے گا
جب امبر جھوم کے ناچے گا، جب دھرتی نغمے گائے گی
وہ صبح کبھی تو آئے گی
وہ صبح کبھی تو آئے گی

جس صبح کی خاطر جگ جگ سے ہم سب مر مر کے جیتے ہیں
جس صبح کے امرت کی دھن میں ہم زہر کے پیالے پیتے ہیں
ان بھوکی پیاسی روحوں پر اک دن تو کرم فرمائے گی

وہ صبح کبھی تو آئے گی
وہ صبح کبھی تو آئے گی

ماناکہ ابھی تیرے میرے ارمانوں کی قیمت کچھ بھی نہیں
مٹی کا بھی ہے کچھ مول مگر انسانوں کی قیمت کچھ بھی نہیں
انسانوں کی عزت جب جھوٹے سکوں میں نہ تولی جائے گی
وہ صبح کبھی تو آئے گی
وہ صبح کبھی تو آئے گی

دولت کے لئے جب عورت کی عصمت کو نہ بیچا جائے گا
چاہت کو نہ کچلا جائے گا، غیرت کو نہ بیچا جائے گا
اپنے کالے کرتوتوں پر جب یہ دنیا شرمائے گی
وہ صبح کبھی تو آئے گی
وہ صبح کبھی تو آئے گی

بیتیں کے کبھی تو دن آخر بھوک کے اور بیکاری کے
ٹوٹیں گے کبھی تو بت آخر دولت کی اجارہ داری کے

جب ایک انوکھی دنیا کی بنیاد اٹھائی جائے گی
وہ صبح کبھی تو آئے گی
وہ صبح کبھی تو آئے گی

مجبور بڑھاپا جب سونی راہوں کی دھول نہ پھانکے گا
معصوم لڑکپن جب گندی گلیوں میں بھیک نہ مانگے گا
حق مانگنے والوں کو جس دن سولی نہ دکھائی جائے گی
وہ صبح کبھی تو آئے گی
وہ صبح کبھی تو آئے گی
***

وہ صبح ہمیں سے آئے گی۔۔۔۔۔۔

آواز : مکیش

جب دھرتی کروٹ بدلے گی، جب قید سے قیدی چھوٹیں گے
جب پاپ گھروندے پھوٹیں گے، جب ظلم کے بندھن ٹوٹیں گے
اس صبح کو ہم ہی لائیں گے، وہ صبح ہمیں سے آئے گی
وہ صبح ہمیں سے آئے گی

منحوس سماجی ڈھانچوں میں جب ظلم نہ پالے جائیں گے
جب ہاتھ نہ کاٹے جائیں گے، جب سر نہ اچھالے جائیں گے
جیلوں کے بنا جب دنیا کی سرکار چلائی جائے گی
وہ صبح ہمیں سے آئے گی

سنسار کے سارے محنت کش کھیتوں سے ملوں سے نکلیں گے
بے گھر، بے در، بے بس انساں تاریک بلوں سے نکلیں گے
دنیا امن اور خوشحالی کے پھولوں سے سجائی جائے گی
وہ صبح ہمیں سے آئے گی

***

فلم : ہم دونوں

موسیقار : جے دیو

ابھی نہ جاؤ چھوڑ کر

آوازیں : محمد رفیع ، آشا بھوسلے

رفیع :
ابھی نہ جاؤ چھوڑ کر
کہ دل ابھی بھرا نہیں
ابھی ابھی تو آئی ہو
بہار بن کے چھائی ہو
ہوا ذرا مہک تو لے
نظر ذرا بہک تو لے

یہ شام ڈھل تو لے ذرا

یہ دل سنبھل تو لے ذرا

میں تھوڑی دیر جی تو لوں

نشے کے گھونٹ پی تو لوں

ابھی تو کچھ کہا نہیں

ابھی تو کچھ سُنا نہیں

ابھی نہ جاؤ چھوڑ کر

کہ دل ابھی بھرا نہیں

آشا :

ستارے جھلملا اُٹھے

چراغ جگمگا اُٹھے

بس اب نہ مجھ کو ٹوکنا

نہ بڑھ کے راہ روکنا

اگر میں رُک گئی ابھی

تو جا نہ پاؤں گی کبھی

یہی کہو گے تم سدا

کہ دل ابھی نہیں بھرا
جو ختم ہو کسی جگہ
یہ ایسا سلسلہ نہیں
ابھی نہیں، ابھی نہیں
نہیں نہیں.. نہیں نہیں

رفیع:
ابھی نہ جاؤ چھوڑ کر
کہ دل ابھی بھرا نہیں

ادھوری آس چھوڑ کے
جو روز یونہی جاؤ گے
تو کس طرح نبھاؤ گے
کہ زندگی کی راہ میں
جواں دلوں کی چاہ میں
کئی مقام آئیں گے
جو ہم کو آزمائیں گے

بُرا نہ مانو بات کا
یہ پیار ہے، گلہ نہیں
ابھی نہ جاؤ چھوڑ کر
کہ دل ابھی بھرا نہیں

آشا :
یہی کہو گے تم سدا
کہ دل ابھی بھرا نہیں
ہاں دل ابھی بھرا نہیں
نہیں نہیں.. نہیں نہیں
***

جہاں میں ایسا کون ہے

آواز : آشا بھوسلے

جہاں میں ایسا کون ہے
کہ جس کو غم ملا نہیں

دکھ اور سکھ کے راستے
بنے ہیں سب کے واسطے
جو غم سے ہار جاؤ گے
تو کس طرح نبھاؤ گے
خوشی ملے ہمیں کہ غم
جو ہوگا بانٹ لیں گے ہم
مجھے تم آزماؤ تو
ذرا نظر ملاؤ تو
یہ جسم دو صحیح مگر

دلوں میں فاصلہ نہیں
جہاں میں ایسا کون ہے
کہ جس کو غم ملا نہیں

تمہارے پیار کی قسم
تمہارا غم ہے میرا غم
نہ یوں بجھے بجھے رہو
جو دل میں بات ہے کہو
جو مجھ سے بھی چھپاؤ گے
تو پھر کسے بتاؤ گے
میں کوئی غیر تو نہیں
دلاؤں کس طرح یقین
کہ تم سے میں جدا نہیں
کہ مجھ سے تم جدا نہیں
جہاں میں ایسا کون ہے
کہ جس کو غم ملا نہیں
***

میں زندگی کا ساتھ نبھاتا چلا گیا

آواز : محمد رفیع

میں زندگی کا ساتھ نبھاتا چلا گیا
ہر فکر کو دھوئیں میں اڑاتا چلا گیا

بربادیوں کا سوگ منانا فضول تھا
بربادیوں کا جشن مناتا چلا گیا
ہر فکر کو دھوئیں میں اڑا۔۔۔۔

جو مل گیا اسی کو مقدر سمجھ لیا
جو کھو گیا میں اس کو بھلاتا چلا گیا
ہر فکر کو دھوئیں میں اڑا۔۔۔۔

غم اور خوشی میں فرق نہ محسوس ہو جہاں
میں دل کو اس مقام پہ لاتا چلا گیا
ہر فکر کو دھوئیں میں اڑا۔۔۔
میں زندگی کا ساتھ نبھاتا چلا گیا
ہر فکر کو دھوئیں میں اڑاتا چلا گیا
***

کبھی خود پر کبھی حالات پہ رونا آیا

آواز: محمد رفیع

کبھی خود پہ کبھی حالات پہ رونا آیا
کبھی خود پہ کبھی حالات پہ رونا آیا
بات نکلی تو ہر اک بات پہ رونا آیا
کبھی خود پہ۔۔۔

ہم تو سمجھے تھے کہ ہم بھول گئے ہیں ان کو
ہم تو سمجھے تھے کہ ہم بھول گئے ہیں ان کو
کیا ہوا، آج یہ کس بات پہ رونا آیا
کبھی خود پہ۔۔۔

کس لئے جیتے ہیں ہم، کس کے لئے جیتے ہیں

کس لئے جیتے ہیں ہم ، کس کے لئے جیتے ہیں
بارہا ایسے سوالات پہ رونا آیا
کبھی خود پہ۔۔۔

کون روتا ہے کسی اور کی خاطر اے دوست؟
کون روتا ہے کسی اور کی خاطر اے دوست؟
سب کو اپنی ہی کسی بات پہ رونا آیا
کبھی خود پہ۔۔۔
***

فلم : دل ہی تو ہے

موسیقار : روشن

تم اگر مجھ کو نہ چاہو گی تو کوئی بات نہیں

آواز : مکیش

تم اگر مجھ کو نہ چاہو گی تو کوئی بات نہیں
تم کسی اور کو چاہو گی تو مشکل ہوگی!

اب اگر میل نہیں ہے تو جدائی بھی نہیں
بات توڑی بھی نہیں تم نے ، نبھائی بھی نہیں

یہ سہارا ہی بہت ہے مرے جینے کے لئے
تم اگر میری نہیں ہو تو پرائی بھی نہیں
میرے دل کو نہ سراہو تو کوئی بات نہیں
غیر کے دل کو سراہوگی تو مشکل ہوگی!
تم کسی اور کو چاہوگی تو مشکل ہوگی!

تم حسیں ہو، تمہیں سب پیار ہی کرتے ہوں گے
میں جو مرتا ہوں تو کیا اور بھی مرتے ہوں گے
سب کی آنکھوں میں اسی شوق کا طوفاں ہوگا
سب کے سینے میں یہی درد ابھرتے ہوں گے
میرے غم میں نہ کراہو تو کوئی بات نہیں
اور کے غم میں کراہوگی تو مشکل ہوگی!
تم کسی اور کو چاہوگی تو مشکل ہوگی!

پھول کی طرح ہنسو، سب کی نگاہوں میں رہو
اپنی معصوم جوانی کی پناہوں میں رہو
مجھ کو وہ دن نہ دکھانا تمہیں اپنی ہی قسم

میں ترستا رہوں، تم غیر کی بانہوں میں رہو
تم جو مجھ سے نہ نبا ہو تو کوئی بات نہیں
کسی دشمن سے نبا ہوگی تو مشکل ہوگی!
تم کسی اور کو چاہو گی تو مشکل ہوگی!
***

تمہاری مست نظر، اگر ادھر نہیں ہوتی

آواز : مکیش

تمہاری مست نظر، اگر ادھر نہیں ہوتی
نشہ میں چور فضا اس قدر نہیں ہوتی
تمہاری مست نظر

تمہیں کو دیکھنے کی دل میں آرزوئیں ہیں
تمہارے آگے ہی اونچی نظر نہیں ہوتی
تمہاری مست نظر

خفا نہ ہونا اگر بڑھ کے تھام لوں دامن
یہ دل فریب خطا جان کر نہیں ہوتی
تمہاری مست نظر

تمہارے آنے تلک ہم کو ہوش رہتا ہے
پھر اس کے بعد ہمیں کچھ خبر نہیں ہوتی
تمہاری مست نظر، اگر ادھر نہیں ہوتی
تمہاری مست نظر

***

نگاہیں ملانے کو جی چاہتا ہے

آوازیں : آشا بھوسلے اور ساتھی / روشن

راز کی بات ہے محفل میں کہیں یا نہ کہیں
بس گیا ہے کوئی اس دل میں، کہیں یا نہ کہیں
کہیں یا نہ کہیں
نگاہیں ملانے کو جی چاہتا ہے
نگاہیں ملانے کو جی چاہتا ہے
نگاہیں ملانے کو جی چاہتا ہے
دل و جاں لٹانے کو جی چاہتا ہے
جی چاہتا ہے

وہ تہمت جسے عشق کہتی ہے دنیا
وہ تہمت جسے عشق کہتی ہے دنیا

وہ تہمت جسے عشق کہتی ہے دنیا
وہ تہمت اٹھانے کو جی چاہتا ہے
وہ تہمت اٹھانے کو جی چاہتا ہے
دل و جاں لٹانے کو جی چاہتا ہے
جی چاہتا ہے

کسی کے منانے میں لذت وہ پائی
کسی کے منانے میں لذت وہ پائی
کسی کے منانے میں لذت وہ پائی
کہ پھر روٹھ جانے کو جی چاہتا ہے
کہ پھر روٹھ جانے کو جی چاہتا ہے
دل و جاں لٹانے کو جی چاہتا ہے
جی چاہتا ہے

وہ جلوہ جو اوجھل بھی ہے سامنے بھی
وہ جلوہ جو اوجھل بھی ہے سامنے بھی
وہ جلوہ جو اوجھل بھی ہے سامنے بھی

وہ جلوہ چرانے کو جی چاہتا ہے
وہ جلوہ چرانے کو جی چاہتا ہے
دل و جاں لٹانے کو جی چاہتا ہے
جی چاہتا ہے

جس گھڑی میری نگاہوں کو تری دید ہوئی
جس گھڑی میری نگاہوں کو تری دید ہوئی
جس گھڑی میری نگاہوں کو تری دید ہوئی
وہ گھڑی تیرے مرے عشق کی تمہید ہوئی
جس گھڑی میں نے ترا چاند سا چہرہ دیکھا
عید ہو یا کہ نہ ہو میرے لئے عید ہوئی
عید ہو یا کہ نہ ہو میرے لئے عید ہوئی
وہ جلوہ جو او جھل بھی ہے سامنے بھی
وہ جلوہ جو او جھل بھی ہے سامنے بھی
وہ جلوہ جو او جھل بھی ہے سامنے بھی
وہ جلوہ چرانے کو جی چاہتا ہے
وہ جلوہ چرانے کو جی چاہتا ہے

دل و جاں لٹانے کو جی چاہتا ہے

جی چاہتا ہے

ملاقات کا کوئی پیغام دیجیے

ملاقات کا کوئی پیغام دیجیے

ملاقات کا کوئی پیغام دیجیے

کہ چھپ چھپ کے آنے کو جی چاہتا ہے

پھر آ کے نہ جانے کو جی چاہتا ہے

جی چاہتا ہے

نگاہیں ملانے کو جی چاہتا ہے

***

لاگا چنری میں داگ۔۔۔

آواز: منا ڈے

لاگا چنری میں داگ چھپاؤں کیسے
۔۔۔۔۔۔۔۔گھر جاؤں کیسے
لاگا چنری میں داگ۔۔۔

ہو گئی میلی موری چنریا
کورے بدن سی کوری چنریا
جا کے بابل سے نجریں ملاؤں کیسے
۔۔۔۔۔۔۔۔گھر جاؤں کیسے
لاگا چنری میں داگ۔۔۔

بھول گئی سب بچن بدا کے

کھو گئی میں سسرال میں آ کے
جا کے بابل سے نجریں ملاؤں کیسے
۔۔۔۔۔۔۔۔۔ گھر جاؤں کیسے
لاگا چنری میں داگ۔۔۔

کوری چنریا آتما موری میل ہے مایا جال
وہ دنیا مورے بابل کا گھر، یہ دنیا سسرال
جا کے بابل سے نجریں ملاؤں کیسے
۔۔۔۔۔۔۔۔۔ گھر جاؤں کیسے
لاگا چنری میں داگ چھپاؤں کیسے
***

غصے میں جو نکھرا ہے

آواز : مکیش

غصے میں جو نکھرا ہے اس حسن کا کیا کہنا
کچھ دیر ابھی ہم سے تم یوں ہی خفا رہنا

اس حسن کے شعلے کی تصویر بنا لیں ہم
ان گرم نگاہوں کو سینے سے لگا لیں ہم
پل بھر اسی عالم میں اے جان ادا رہنا
کچھ دیر ابھی ہم سے تم یوں ہی خفا رہنا
کچھ دیر ابھی ہم سے تم یوں ہی خفا رہنا

یہ دہکا ہوا چہرہ یہ بکھری ہوئی زلفیں
یہ بڑھتی ہوئی دھڑکن یہ چڑھتی ہوئی سانسیں

سامان قضا ہو تم سامان قضا رہنا
کچھ دیر ابھی ہم سے تم یوں ہی خفا رہنا
کچھ دیر ابھی ہم سے تم یوں ہی خفا رہنا

پہلے بھی حسیں تھیں تم لیکن یہ حقیقت ہے
وہ حسن مصیبت تھا یہ حسن قیامت ہے
اوروں سے تو بڑھ کر ہو خود سے بھی سوا رہنا
غصے میں جو نکھرا ہے اس حسن کا کیا کہنا
کچھ دیر ابھی ہم سے تم یوں ہی خفا رہنا
کچھ دیر ابھی ہم سے تم یوں ہی خفا رہنا
***

تو مشکل ہوگی

آواز: مکیش

تم اگر مجھ کو نہ چاہو تو کوئی بات نہیں

تم کسی اور کو چاہوگی تو مشکل ہوگی

اب اگر میل نہیں ہے تو جدائی بھی نہیں

بات توڑی بھی نہیں تم نے بنائی بھی نہیں

یہ سہارا ابھی بہت ہے مرے جینے کے لئے

تم اگر میری نہیں ہو تو پرائی بھی نہیں

میرے دل کو نہ سراہو

میرے دل کو نہ سراہو تو کوئی بات نہیں

تو کوئی بات نہیں

غیر کے دل کو سراہوگی، تو مشکل ہوگی

تم کسی اور کو چاہو گی تو مشکل ہوگی

تو مشکل ہوگی

تم حسیں ہو، تمہیں سب پیار ہی کرتے ہوں گے

میں تو مرتا ہوں، تو کیا اور بھی مرتے ہوں گے

سب کی آنکھوں میں اسی شوق کا طوفاں ہوگا

سب کے سینہ میں یہی درد ابھرتے ہوں گے

میرے غم میں نہ کراہو

میرے غم میں نہ کراہو تو کوئی بات نہیں

تو کوئی بات نہیں

اور کے غم میں کراہو گی تو مشکل ہوگی

تم کسی اور کو چاہو گی تو مشکل ہوگی

تو مشکل ہوگی

پھول کی طرح ہنسو، سب کی نگاہوں میں رہو

اپنی معصوم جوانی کی پناہوں میں رہو

مجھ کو وہ دن نہ دکھانا تمہیں اپنی ہی قسم

میں ترستا رہوں تم غیر کی باہوں میں رہو

تم جو مجھ سے نہ نبھاؤ

تم جو مجھ سے نہ نبھاؤ تو کوئی بات نہیں

تو کوئی بات نہیں

کسی دشمن سے نبھاؤ گی تو مشکل ہوگی

تم کسی اور کو چاہو گی تو مشکل ہوگی

تو مشکل ہوگی

***

فلم : برسات کی رات

موسیقار : روشن

زندگی بھر نہیں بھولے گی وہ برسات کی رات

آواز : محمد رفیع

زندگی بھر نہیں بھولے گی وہ برسات کی رات
ایک انجان حسینہ سے ملاقات کی رات

ہائے وہ ریشمیں زلفوں سے برستا پانی
پھول سے گالوں پہ رکنے کو ترستا پانی
دل میں طوفان اٹھائے ہوئے
دل میں طوفان اٹھائے ہوئے جذبات کی رات
زندگی بھر نہیں بھولے گی وہ برسات کی رات

ڈر کے بجلی سے اچانک وہ لپٹنا اس کا
اور پھر شرم سے بل کھا کے سمٹنا اس کا
کبھی دیکھی نہ سنی
کبھی دیکھی نہ سنی ایسی طلسمات کی رات
زندگی بھر نہیں بھولے گی وہ برسات کی رات

سرخ آنچل کو دبا کر جو نچوڑا اس نے
دل پہ جلتا ہوا اک تیر سا چھوڑا اس نے
آگ پانی میں لگاتے ہوئے
آگ پانی میں لگاتے ہوئے حالات کی رات
زندگی بھر نہیں بھولے گی وہ برسات کی رات

میرے نغموں میں جو بستی ہے، وہ تصویر تھی وہ
نوجوانی کے حسیں خواب کی تعبیر تھی وہ
آسمانوں سے اتر آئی تھی
آسمانوں سے اتر آئی تھی جو رات کی رات
زندگی بھر نہیں بھولے گی وہ برسات کی رات

***

زندگی بھر نہیں بھولی گی وہ برسات کی رات

آواز: لتا منگیشکر

زندگی بھر نہیں بھولے گی وہ برسات کی رات
ایک انجان مسافر سے ملاقات کی رات

ہائے جس رات مرے دل نے دھڑکنا سیکھا
مری تقدیر سے نکلی
مری تقدیر سے نکلی وہی صدمات کی رات
زندگی بھر نہیں بھولے گی وہ برسات کی رات

دل نے جب پیار کے رنگین فسانے چھیڑے
آنکھوں آنکھوں میں وفاؤں کے ترانے چھیڑے
سوگ میں ڈوب گئی

سوگ میں ڈوب گئی ، آج وہ نغمات کی رات
زندگی بھر نہیں بھولے گی وہ برسات کی رات

روٹھنے والی مرے بات سے مایوس نہ ہو
بہکے بہکے سے خیالات سے مایوس نہ ہو
ختم ہوگی نہ کبھی
ختم ہوگی نہ کبھی تیرے مرے سات کی رات
زندگی بھر نہیں بھولے گی وہ برسات کی رات

★★★

مایوس تو ہوں وعدے سے ترے

آواز : رفیع

مایوس تو ہوں وعدے سے ترے
کچھ آس نہیں، کچھ آس بھی ہے
میں اپنے خیالوں کے صدقے
تو پاس نہیں اور پاس بھی ہے

ہم نے تو خوشی مانگی تھی مگر
جو تو نے دیا، اچھا ہی دیا!
جس غم کا تعلق ہو تجھ سے
وہ راس نہیں اور راس بھی ہے
مایوس تو ہوں وعدے سے ترے

پلکوں پہ لرزتے اشکوں میں
تصویر جھلکتی ہے تیری!
دیدار کی پیاسی آنکھوں میں
اب پیاس نہیں اور پیاس بھی ہے
مایوس تو ہوں وعدے سے ترے
کچھ آس نہیں، کچھ آس بھی ہے
★★★

میں نے شاید تمہیں پہلے بھی کہیں دیکھا ہے

آواز : محمد رفیع

میں نے شاید تمہیں پہلے بھی کہیں دیکھا ہے
میں نے شاید تمہیں ۔ ۔ ۔

اجنبی سی ہو مگر غیر نہیں لگتی ہو
وہم سے بھی جو ہو نازک وہ یقیں لگتی ہو
ہائے یہ پھول سا چہرہ یہ گھنیری زلفیں
میرے شعروں سے بھی تم مجھ کو حسیں لگتی ہو
میں نے شاید تمہیں پہلے بھی کہیں دیکھا ہے
میں نے شاید تمہیں ۔ ۔ ۔

دیکھ کر تم کو کسی رات کی یاد آتی ہے

ایک خاموش ملاقات کی یاد آتی ہے
ذہن میں حسن کی ٹھنڈک کا اثر جاگتا ہے
آنچ دیتی ہوئی برسات کی یاد آتی ہے
میں نے شاید تمہیں پہلے بھی کہیں دیکھا ہے
میں نے شاید تمہیں۔۔۔

مری آنکھوں پہ جھکی رہتی ہیں پلکیں جس کی
تم وہی میرے خیالوں کی پری ہو کہ نہیں
کہیں پہلے کی طرح پھر تو نہ کھو جاؤ گی
جو ہمیشہ کے لیے ہو وہ خوشی ہو کہ نہیں
میں نے شاید تمہیں پہلے بھی کہیں دیکھا ہے
میں نے شاید تمہیں۔۔۔

***

جی چاہتا ہے چوم لوں

قوالی : آشا بھوسلے ، سدھا ملہوترا، شنکر شمبھو

آ آ آ ~~~~~

نہ خنجر اٹھے گا نہ تلوار تم سے

آ ۔ ۔ ۔

یہ بازو میرے آزمائے ہوئے ہیں

اور

پہچانتا ہوں، خوب تمہاری نظر کو میں

بھئی

جانے نہ دوں گا ہاتھ سے دل اور جگر کو میں

دل ایسی شہ نہیں ہے جو قابو میں رہ سکے

دل ایسی شہ نہیں ہے جو قابو میں رہ سکے

دل ایسی شہ نہیں ہے جو قابو میں رہ سکے

بھئی!

سمجھاؤں کس طرح یہ کسی بےخبر کو میں

سمجھاؤں کس طرح یہ کسی بےخبر کو میں

آئی ہے ان کے چاند سے چہرے کو چوم کر

آئی ہے ان کے چاند سے چہرے کو چوم کر

آئی ہے ان کے چاند سے چہرے کو چوم کر

بھئی!

جی چاہتا ہے چوم لوں اپنی نظر کو میں

جی چاہتا ہے چوم لوں اپنی نظر کو میں

گو ظلم بے حساب کیا اس نگاہ نے

رسوا کیا خراب کیا اس نگاہ نے

اک کام لاجواب کیا اس نگاہ نے

جو تجھ کو انتخاب کیا اس نگاہ نے

بھئی!

جی چاہتا ہے چوم لوں اپنی نظر کو میں
جی چاہتا ہے چوم لوں اپنی نظر کو میں
جی چاہتا ہے
جی چاہتا
جی چاہتا ہے
جی چاہتا
جی چاہتا ہے چوم لوں اپنی نظر کو میں

عشق پر زور نہیں ہے یہ وہ آتش فتنہ
کہ لگائے نہ لگے اور بجھائے نہ بنے
اب تم ہی کہو کہ کیا، جی چاہتا ہے
جی چاہتا ہے
جی چاہتا
جی چاہتا ہے
جی چاہتا
جی چاہتا ہے چوم لوں اپنی نظر کو میں

وہ سدا دور دور رہتا ہے
ناصحا تو درست کہتا ہے
اس پہ مرنے سے کچھ نہیں حاصل
آہ بھرنے سے کچھ نہیں حاصل
بے مروت ہے بے وفا ہے وہ
میرے دشمن کا آشنا ہے وہ
اب اسے چھوڑنا ہی بہتر ہے
یہ بھرم توڑنا ہی بہتر ہے
مانتے ہیں تری نصیحت کو
ہائے پر کیا کریں طبیعت کو
بھئی!
جی چاہتا ہے چوم لوں اپنی نظر کو میں

پچھلے پہر جب اوس پڑے اور ٹھنڈی پون چلے
برہا اگن مورا تن من پھونکے سونی سیج جلے
سب سکھیاں چلی پی کو رجھانے
مورے سجن ہیں دور ٹھکانے

اور میرا بھی جی چاہتا ہے

جی چاہتا

جی چاہتا ہے

جی چاہتا

کیوں آپ پہ مرتے ہیں یہ ہم کہہ نہیں سکتے

صورت کا ہے سوال نہ سیرت کی بات ہے

ہم تم پہ مر مٹے یہ طبیعت کی بات ہے

بھئی!

جی چاہتا ہے

جی چاہتا

جی چاہتا ہے

جی چاہتا

جی چاہتا ہے چوم لوں اپنی نظر کو میں

***

نگاہِ ناز کے ماروں کا حال کیا ہوگا

قوالی : آشا بھوسلے، سدھا ملہوترا، شنکر شمبھواور ساتھی

ادا بجلی، بدن شعلہ، بھنویں خنجر، نظر قاتل
غلط کیا ہے ہمیں کہتی ہے یہ دنیا اگر قاتل
تو پھر

نگاہِ ناز کے ماروں کا حال کیا ہوگا
نگاہِ ناز کے ماروں کا حال کیا ہوگا
نہ بچ سکے تو بیچاروں کا حال کیا ہوگا
کیا ہوگا
کیا ہوگا
کیا ہوگا
نگاہِ ناز کے۔۔۔

ہمیں نے عشق کے قابل بنا دیا ہے تمہیں
ہمیں نے عشق کے
ذرا دیکھو
ہمیں نے عشق کے قابل بنا دیا ہے تمہیں
ہمیں نے عشق کے قابل بنا دیا ہے تمہیں
ہمیں نہ ہو تو نظاروں کا حال کیا ہوگا
ہمیں نہ ہو تو نظاروں کا حال کیا ہوگا
کیا ہوگا
کیا ہوگا
کیا ہوگا
نگاہِ ناز کے۔ ۔ ۔ ۔

ہمارے حسن کی بجلی چمکنے والی ہے
ہمارے حسن کی بجلی چمکنے والی ہے
ہمارے حسن کی بجلی چمکنے والی ہے
نہ جانے آج ہزاروں کا حال کیا ہوگا

نہ جانے آج ہزاروں کا حال کیا ہوگا

کیا ہوگا

کیا ہوگا

کیا ہوگا

نگاہِ ناز کے۔۔۔

بہار حسن سلامت خزاں سے پوچھ ذرا

کیا؟

کہ چار دن میں بہاروں کا حال کیا ہوگا

کیا ہوگا

کیا ہوگا

کیا ہوگا

نگاہِ ناز کے۔۔۔

رنگ پر ناز نہ کر

کیوں کہ

رنگ بدل جاتا ہے

ارے واہ

یہ وہ مہماں ہے جو آج آتا ہے کل جاتا ہے

عشق پر ناز کرے کوئی تو کچھ بات بھی ہے

حسن کا ناز ہی کیا، حسن تو ڈھل جاتا ہے

بہارِ حسن سلامت خزاں سے پوچھ ذرا

کہ چار دن میں بہاروں کا حال کیا ہوگا

کہ چار دن میں بہاروں کا حال کیا ہوگا

کیا ہوگا

کیا ہوگا

کیا ہوگا

نگاہِ ناز کے۔۔۔

***

نہ تو کارواں کی تلاش ہے

قوالی : محمد رفیع، آشا بھوسلے، منا ڈے، ایس ڈی باطش، سدھا ملہوترا اور ساتھی

نہ تو کارواں کی تلاش ہے، نہ تو ہم سفر کی تلاش ہے
نہ تو کارواں کی تلاش ہے، نہ تو ہم سفر کی تلاش ہے
میرے شوقِ خانہ خراب کو
میرے شوقِ خانہ خراب کو تری رہ گزر کی تلاش ہے
میرے شوقِ خانہ خراب کو
میرے شوقِ خانہ

مرے نامراد جنوں کا ہے جو علاج کوئی تو موت ہے
جو دوا کے نام پہ زہر دے،
جو دوا کے نام پہ
زہر دے

دوا کے نام پہ جو
جو
جو دوا کے نام پہ
زہر دے
اسی چارہ گر کی تلاش ہے

ترا عشق ہے مری آرزو، ترا عشق ہے میری آبرو
دل عشق، جسم عشق ہے اور جان عشق ہے
ایمان کی جو پوچھو تو ایمان عشق ہے
ترا عشق کیسے میں چھوڑ دوں،
ترا عشق کیسے میں چھوڑ دوں،
ترا عشق کیسے میں چھوڑ دوں،
ترا عشق کیسے میں چھوڑ دوں، مری عمر بھر کی تلاش ہے
عشق عشق،
عشق، عشق
یہ عشق عشق ہے عشق عشق
یہ عشق عشق ہے عشق عشق

یہ عشق عشق ہے عشق عشق

جاں سوز کی حالت کو جاں سوز ہی سمجھے گا
میں شمع سے کہتا ہوں، محفل سے نہیں کہتا
کیونکہ
یہ عشق عشق ہے عشق عشق
یہ عشق عشق ہے عشق عشق
یہ عشق عشق ہے عشق

سحر تک سب کا ہے انجام جل کر خاک ہو جانا
بھری محفل میں کوئی شمع یا پروانہ ہو جائے
یہ عشق عشق ہے عشق عشق
یہ عشق عشق ہے عشق عشق
یہ عشق عشق ہے عشق عشق

وحشت دل رسن و دار سے روکی نہ گئی

کسی خنجر، کسی تلوار سے روکی نہ گئی
عشق، مجنوں کی وہ آواز ہے، جس کے آگے
کوئی لیلیٰ کسی دیوار سے روکی نہ گئی
کیونکہ
یہ عشق عشق ہے عشق عشق
یہ عشق عشق ہے عشق عشق
یہ عشق عشق ہے عشق
وہ ہنس کے اگر مانگیں تو ہم جان بھی دے دیں
ہاں!
وہ ہنس کے اگر مانگیں تو ہم جان بھی دے دیں
یہ جان تو کیا چیز ہے، ایمان بھی دے دیں
کیونکہ
یہ عشق عشق ہے عشق عشق
یہ عشق عشق ہے عشق

ناز و انداز سے کہتے ہیں کہ جینا ہوگا
زہر بھی دیتے ہیں تو کہتے ہیں کہ پینا ہوگا

جب میں پیتا ہوں تو کہتے ہیں کہ مرتا بھی نہیں
جب میں مرتا ہوں تو کہتے ہیں کہ جینا ہوگا
کیونکہ
یہ عشق عشق ہے عشق عشق
یہ عشق عشق ہے عشق عشق
یہ عشق عشق ہے عشق

مذہبِ عشق کی ہر رسم کڑی ہوتی ہے
ہر قدم پر کوئی دیوار کھڑی ہوتی ہے
عشق آزاد ہے،
عشق آزاد ہے، ہندو نہ مسلمان سے عشق
آپ ہی دھرم ہے اور آپ ہی ایمان ہے عشق
جس سے آگاہ نہیں شیخ و برہمن دونوں
اس حقیقت کا گرجتا ہوا اعلان ہے عشق

عشق نہ پچھے دین دھرم نوں، عشق نہ پچھے ذاتاں
عشق دے ہتھوں گرم لہو وچ ڈبیاں لکھ براتاں

یہ عشق عشق ہے

یہ عشق عشق ہے عشق عشق

یہ عشق عشق ہے عشق

راہ الفت کی کٹھن ہے اسے آساں نہ سمجھ

یہ عشق عشق ہے عشق عشق

یہ عشق عشق ہے عشق عشق

یہ عشق عشق ہے عشق

بہت کٹھن ہے

بہت کٹھن ہے ڈگر پنگھٹ کی

ڈگر پنگھٹ کی

ڈگر پنگھٹ کی

ارے بہت کٹھن ہے ڈگر پنگھٹ کی

اب کیا بھر لاؤں میں جمنا سے مٹکی

کیا بھر لاؤں میں جمنا سے مٹکی

کیا بھر لاؤں میں جمنا سے مٹکی

ارے جب جب کرشن کی بنسی باجی،

جب جب کرشن کی بنسی باجی نکلی رادھا سج کے

جان اجان کا دھیان بھلا کے، لوک لاج کو تج کے

بن بن ڈولی جنک دلاری، پہن کے پریم کی مالا

روشن جل کی پیاسی میرا، پی گئی بس کا پیالا

اور پھر ارج کری کہ

کیا؟

لاج راکھو راکھو

لاج راکھو راکھو

ہے ہے ہے

لاج راکھو راکھو

ہو ہو ہو

لاج راکھو راکھو

یہ عشق عشق ہے

یہ عشق عشق ہے عشق عشق

یہ عشق عشق ہے عشق

اللہ اور رسول کا فرمان عشق ہے

یعنی حدیث عشق ہے، قرآن عشق ہے
گوتم کا اور مسیح کا فرمان عشق ہے
یہ کائنات عشق ہے اور جان عشق ہے
عشق سرمد، عشق ہی منصور ہے
عشق موسیٰ، عشق کوہ طور ہے
خاک کو بت اور بت کو دیوتا کرتا ہے عشق
انتہا یہ ہے کہ بندے کو خدا کرتا ہے عشق
انتہا یہ ہے کہ بندے کو خدا کرتا ہے عشق
یہ عشق عشق ہے
یہ عشق عشق ہے عشق عشق
یہ عشق عشق ہے عشق

***

فلم : آج اور کل

موسیقار : روی

یہ وادیاں یہ فضائیں بلا رہی ہیں تمہیں

آواز : محمد رفیع

یہ وادیاں یہ فضائیں بلا رہی ہیں تمہیں
خموشیوں کی صدائیں بلا رہی ہیں تمہیں
یہ وادیاں یہ فضائیں بلا رہی ہیں تمہیں

ترس رہے ہیں جواں پھول ہونٹ چھونے کو

مچل مچل کے ہوائیں بلا رہی ہیں تمہیں
یہ وادیاں یہ فضائیں بلا رہی ہیں تمہیں

تمہاری زلفوں سے خوشبو کی بھیک لینے کو
جھکی جھکی سی گھٹائیں بلا رہی ہیں تمہیں
یہ وادیاں یہ فضائیں بلا رہی ہیں تمہیں

حسین چمپئی پیروں کو جب سے دیکھا ہے
ندی کی مست ادائیں بلا رہی ہیں تمہیں
یہ وادیاں یہ فضائیں بلا رہی ہیں تمہیں

مرا کہا نہ سنو ان کی بات تو سن لو
ہر ایک دل کی دعائیں بلا رہی ہیں تمہیں
یہ وادیاں یہ فضائیں بلا رہی ہیں تمہیں
***

اتنی حسیں، اتنی جواں رات کیا کریں

آواز: محمد رفیع

اتنی حسیں، اتنی جواں رات کیا کریں
جاگے ہیں کچھ عجیب سے جذبات کیا کریں
اتنی حسیں، اتنی جواں رات کیا کریں

سانسوں میں گھل رہی ہے کسی سانس کی مہک
سانسوں میں گھل رہی ہے کسی سانس کی مہک
دامن کو چھو رہا ہے کوئی ہات کیا کریں
دامن کو چھو رہا ہے کوئی ہات کیا کریں
اتنی حسیں، اتنی جواں رات کیا کریں

شاید تمہارے آنے سے یہ بھید کھل سکے
شاید تمہارے آنے سے یہ بھید کھل سکے
حیران ہیں کہ آج نئی بات کیا کریں
حیران ہیں کہ آج نئی بات کیا کریں
اتنی حسیں، اتنی جواں رات کیا کریں
***

موت کتنی بھی سنگدل ہو مگر۔۔۔

آواز: آشا بھوسلے

موت کتنی بھی سنگدل ہو مگر زندگی سے تو مہرباں ہوگی

نت نئے رنج دل کو دیتی ہے، زندگی یہ خوشی کی دشمن ہے
موت سب سے نباہ کرتی ہے، زندگی زندگی کی دشمن ہے
کچھ نہ کچھ تو سکون پائے گا، موت کے بس میں جس کی جاں ہوگی
موت کتنی بھی سنگدل ہو مگر زندگی سے تو مہرباں ہوگی

رنگ اور نسل، نام اور دولت، زندگی کتنے فرق مانتی ہے
موت حد بندیوں سے اونچی ہے، ساری دنیا کو ایک جانتی ہے
جن اصولوں پہ مر رہے ہیں ہم، ان اصولوں کی قدر داں ہوگی
موت کتنی بھی سنگدل ہو مگر زندگی سے تو مہرباں ہوگی

موت سے اور کچھ ملے نہ ملے ، زندگی سے تو جان چھوٹے گی
مسکراہٹ نصیب ہو کہ نہ ہو، آنسوؤں کی لڑی تو ٹوٹے گی
ہم نہ ہوں گے تو غم کسے ہوگا، ختم ہر غم کی داستاں ہوگی
موت کتنی بھی سنگدل ہو مگر زندگی سے تو مہرباں ہوگی
***

مجھے گلے سے لگا لو بہت اداس ہوں میں ۔ ا

آواز : آشا بھوسلے

مجھے گلے سے لگا لو بہت اداس ہوں میں
غم جہاں سے چھڑا لو بہت اداس ہوں میں

یہ انتظار کا دکھ اب سہا نہیں جاتا
تڑپ رہی ہے محبت رہا نہیں جاتا
تم اپنے پاس بلا لو بہت اداس ہوں میں
مجھے گلے سے لگا لو بہت اداس ہوں میں

بھٹک چکی ہوں بہت زندگی کی راہوں میں
مجھے اب آ کے چھپا لو تم اپنی بانہوں میں
مرا سوال نہ ٹالو بہت اداس ہوں میں
مجھے گلے سے لگا لو بہت اداس ہوں میں

ہر ایک سانس میں ملنے کی پیاس پلتی ہے
سلگ رہا ہے بدن اور روح جلتی ہے
بچا سکو تو بچا لو بہت اداس ہوں میں
مجھے گلے سے لگا لو بہت اداس ہوں میں
***

مجھے گلے سے لگا لو بہت اداس ہوں میں ۔ ۲

آوازیں : محمد رفیع، آشا بھوسلے

آشا :

مجھے گلے سے لگا لو، بہت اداس ہوں، میں

نظر میں تیر سے چبھتے ہیں اب نظاروں سے
میں تھک گئی ہوں، سبھی ٹوٹتے سہاروں سے
اب اور بوجھ نہ ڈالو، بہت اداس ہوں، میں
مجھے گلے سے لگا لو، بہت اداس ہوں، میں

رفیع :

بہت سہی، غم دنیا، مگر اداس نہ ہو
قریب ہے شب غم کی، سحر اداس نہ ہو

بہت سہی

ستم کے ہاتھ کی تلوار ٹوٹ جائے گی
یہ اونچ نیچ کی دیوار ٹوٹ جائے گی
تجھے قسم ہے مری ہمسفر اداس نہ ہو

آشا :
نہ جانے کب یہ طریقہ یہ طور بدلے گا
ستم کا، غم کا، مصیبت کا دور بدلے گا
مجھے جہاں سے اٹھا لو، بہت اداس ہوں میں
مجھے گلے سے لگا لو، بہت اداس ہوں، میں
***

تم اپنے پاس بلالو بہت اداس ہوں میں

آواز : آشا بھوسلے

تم اپنے پاس بلالو بہت اداس ہوں میں

یہ انتظار کا دکھ اب سہا نہیں جاتا
تڑپ رہی ہے محبت رہا نہیں جاتا
تم اپنے پاس بلالو بہت اداس ہوں میں

بھٹک چکی ہوں بہت زندگی کی راہوں میں
مجھے اب آ کے چھپا لو تم اپنی بانہوں میں
مرا سوال نہ ٹالو بہت اداس ہوں میں
تم اپنے پاس بلالو بہت اداس ہوں میں

ہر ایک سانس میں ملنے کی پیاس پلتی ہے
سلگ رہا ہے بدن اور روح جلتی ہے
بچا سکو تو بچا لو بہت اداس ہوں میں
تم اپنے پاس بلا لو بہت اداس ہوں میں
***

فلم : ہم راز

موسیقار : روی

تم اگر ساتھ دینے کا وعدہ کرو

آواز : مہیندر کپور

تم اگر ساتھ دینے کا وعدہ کرو
میں یونہی مست نغمے لٹاتا رہوں
تم مجھے دیکھ کر مسکراتی رہو
میں تمہیں دیکھ کر گیت گاتا رہوں
تم اگر ساتھ دینے کا وعدہ کرو

کتنے جلوے فضاؤں میں بکھرے مگر
میں نے اب تک کسی کو پکارا نہیں
تم کو دیکھا تو نظریں یہ کہنے لگیں
ہم کو چہرے سے ہٹنا گوارا نہیں
تم اگر میری نظروں کے آگے رہو
میں ہر اک شے سے نظریں چراتا رہوں
تم اگر ساتھ دینے کا وعدہ کرو
میں یونہی مست نغمے لٹاتا رہوں

میں نے خوابوں میں برسوں تراشا جسے
تم وہی سنگِ مرمر کی تصویر ہو
تم نہ سمجھو تمہارا مقدر ہوں میں
میں سمجھتا ہوں تم میری تقدیر ہو
تم اگر مجھ کو اپنا سمجھنے لگو
میں بہاروں کی محفل سجاتا رہوں!
تم اگر ساتھ دینے کا وعدہ کرو
میں یونہی مست نغمے لٹاتا رہوں

نیلے گگن کے تلے

آواز : مہیندر کپور

ہے ۔۔۔۔
نیلے گگن کے تلے، دھرتی کا پیار پلے
ایسے ہی جگ میں، آتی ہیں صبحیں، ایسے ہی شام ڈھلے
ہے ۔۔۔
نیلے گگن کے تلے

شبنم کے موتی، پھولوں پہ بکھریں، دونوں کی آس پھلے
ہے ۔۔۔
نیلے گگن کے تلے

بل کھاتی بیلیں، مستی میں کھیلیں، پیڑوں سے مل کے گلے
ہے۔۔۔
نیلے گگن کے تلے

ندیا کا پانی، دریا سے مل کے، ساگر کی اور چلے
ہے۔۔۔
نیلے گگن کے تلے
دھرتی کا پیار پلے
***

کسی پتھر کی مورت سے محبت کا ارادہ ہے

آواز : مہیندر کپور

کسی پتھر کی مورت سے محبت کا ارادہ ہے
پرستش کی تمنا ہے ، عبادت کا ارادہ ہے
کسی پتھر کی مورت سے

جو دل کی دھڑکنیں سمجھے ، نہ آنکھوں کی زباں سمجھے
نظر کی گفتگو سمجھے ، نہ جذبوں کا بیاں سمجھے
اسی کے سامنے اس کی شکایت کا ارادہ ہے
کسی پتھر کی مورت سے

سنا ہے ہر جواں پتھر کے دل میں آگ ہوتی ہے
مگر جب تک نہ چھیڑو شرم کے پردے میں سوتی ہے

یہ سوچا ہے کہ دل کی بات اس کے روبرو کر دیں
ہر اک بے جا تکلف سے بغاوت کا ارادہ ہے
کسی پتھر کی مورت سے

محبت بے رخی سے اور بھڑکے گی، وہ کیا جانے
طبیعت اس ادا پر اور پھڑکے گی، وہ کیا جانے
وہ کیا جانے کہ اپنی کس قیامت کا ارادہ ہے
کسی پتھر کی مورت سے محبت کا ارادہ ہے
***

نہ منہ چھپا کے جیو اور نہ سر جھکا کے جیو
آواز : مہیندر کپور

نہ منہ چھپا کے جیو اور نہ سر جھکا کے جیو
غموں کا دور بھی آئے تو مسکرا کے جیو
نہ منہ چھپا کے جیو اور نہ سر جھکا کے جیو

گھٹا میں چھپ کے ستارے فنا نہیں ہوتے
گھٹا میں چھپ کے ستارے فنا نہیں ہوتے
اندھیری رات میں
اندھیری رات میں دل کے دئیے جلا کے جیو
نہ منہ چھپا کے جیو اور نہ سر جھکا کے جیو

یہ زندگی کسی منزل پہ رک نہیں سکتی
یہ زندگی کسی منزل پہ رک نہیں سکتی
ہر اک مقام پہ
ہر اک مقام پہ اپنے قدم بڑھا کے چلو
نہ منہ چھپا کے جیو اور نہ سر جھکا کے جیو

***

فلم : امانت

موسیقار : روی

مطلب نکل گیا ہے

آواز : محمد رفیع

مطلب نکل گیا ہے تو پہچانتے نہیں
یوں جا رہے ہیں جیسے ہمیں جانتے نہیں

اپنی غرض تھی جب تو لپٹنا قبول تھا
بانہوں کے دائرے میں سمٹنا قبول تھا

اب ہم منا رہے ہیں مگر مانتے نہیں
مطلب نکل گیا ہے تو پہچانتے نہیں

ہم نے تمھیں پسند کیا کیا برا کیا
رتبہ ہی کچھ بلند کیا کیا برا کیا
ہر اک گلی کی خاک تو ہم چھانتے نہیں
مطلب نکل گیا ہے تو پہچانتے نہیں

منہ پھیر کر نہ جاؤ ہمارے قریب سے
ملتا ہے کوئی چاہنے والا نصیب سے
اس طرح عاشقوں پہ کماں تانتے نہیں
مطلب نکل گیا ہے تو پہچانتے نہیں
***

قریب آجاؤ

آواز : محمد رفیع

دور رہ کر نہ کرو بات قریب آجاؤ
یاد رہ جائے گی یہ رات قریب آجاؤ

ایک مدت سے تمنا تھی تمہیں چھونے کی
آج بس میں نہیں جذبات قریب آجاؤ
دور رہ کر نہ کرو بات قریب آجاؤ

سرد جھونکوں سے بھڑکتے ہیں بدن میں شعلے
جان لے لے گی یہ برسات قریب آجاؤ
دور رہ کر نہ کرو بات قریب آجاؤ

اس قدر ہم سے جھجکنے کی ضرورت کیا ہے
زندگی بھر کا ہے اب ساتھ قریب آ جاؤ
دور رہ کر نہ کرو بات قریب آ جاؤ

***

فلم : شگون

موسیقار : خیام

تم اپنا رنج و غم اپنی پریشانی مجھے دے دو

آواز : جگجیت کور

تم اپنا رنج و غم اپنی پریشانی مجھے دے دو
تمہیں غم کی قسم اس دل کی ویرانی مجھے دے دو
تم اپنا رنج و غم

یہ مانا میں کسی قابل نہیں ہوں ان نگاہوں میں

برا کیا ہے اگر یہ دکھ یہ حیرانی مجھے دے دو
تم اپنا رنج و غم

میں دیکھوں تو سہی دنیا تمہیں کیسے ستاتی ہے
کوئی دن کے لئے اپنی نگہبانی مجھے دے دو
تم اپنا رنج و غم

وہ دل جو میں نے مانگا تھا مگر غیروں نے پایا ہے
بڑی شے ہے اگر اس کی پشیمانی مجھے دے دو
تم اپنا رنج و غم اپنی پریشانی مجھے دے دو
تمہیں غم کی قسم اس دل کی ویرانی مجھے دے دو

***

تم چلی جاؤگی

آواز : محمد رفیع

تم چلی جاؤگی، پرچھائیاں رہ جائیں گی
کچھ نہ کچھ حسن کی رعنائیاں رہ جائیں گی

تم کہ اس جھیل کے ساحل پہ ملی ہو مجھ سے
جب بھی دیکھوں گا یہیں مجھ کو نظر آؤ گی
یاد مٹتی ہے نہ منظر کوئی مٹ سکتا ہے
دور جا کر بھی تم اپنے کو یہیں پاؤ گی

گھس کے رہ جائے گی جھونکوں میں بدن کی خوشبو
زلف کا عکس گھٹاؤں میں رہے گا صدیوں

پھول چپکے سے چرا لیں گے لبوں کی سرخی
یہ جواں حسن فضاؤں میں رہے گا صدیوں

اس دھڑکتی ہوئی شاداب و حسیں وادی میں
یہ نہ سمجھو کہ ذرا دیر کا قصہ ہو تم!
اب ہمیشہ کے لئے میرے مقدر کی طرح
ان نظاروں کے مقدر کا بھی حصہ ہو تم!

تم چلی جاؤ گی، پرچھائیاں رہ جائیں گی
کچھ نہ کچھ حسن کی رعنائیاں رہ جائیں گی

***

زندگی ظلم سہی، جبر سہی

آواز: سمن کلیان پور

زندگی ظلم سہی، جبر سہی، غم ہی سہی
دل کی فریاد سہی، روح کا ماتم ہی سہی
زندگی ظلم سہی،

ہم نے ہر حال میں جینے کی قسم کھائی ہوئی ہے
اب یہی اپنا مقدر ہے تو شکوہ کیوں ہو
ہم سلیقے سے نبھا دیں گے، جو دن باقی ہیں
چاہ رسوا نہ ہوئی، آہ بھی رسوا کیوں ہو
زندگی ظلم سہی

ہم کو تقدیر سے بے وجہ شکایت کیوں ہو
اسی تقدیر نے چاہت کی خوشی بھی دی تھی

آج اگر کا نپتی پلکوں کو دیے ہیں آنسو
کل تھر کتے ہوئے ہونٹوں کو ہنسی بھی دی تھی
زندگی ظلم سہی

ہم ہیں مایوس مگر اتنے بھی مایوس نہیں
اک نہ اک دن تو یہ اشکوں کی لڑی ٹوٹے گی
اک نہ اک دن تو چھٹیں گے یہ غموں کے بادل
اک نہ اک دن تو اجالے کی کرن پھوٹے گی
زندگی ظلم سہی، جبر سہی، غم ہی سہی
***

بجھا دئیے ہیں

آواز : سمن کلیان پور

بجھا دئیے ہیں خود اپنے ہاتھوں، محبتوں کے دئیے جلا کے
میری وفا نے اجاڑ دی ہیں، امید کی بستیاں بسا کے

تجھے بھلا دیں گے اپنے دل سے، یہ فیصلہ تو کیا ہے لیکن
نہ دل کو معلوم ہے نہ ہم کو، جئیں گے کیسے تجھے بھلا کے
بجھا دئیے ہیں خود اپنے ہاتھوں

کبھی ملیں گے جو راستے میں، تو منہ پھرا کر پلٹ پڑیں گے
کہیں سنیں گے جو نام تیرا، تو چپ رہیں گے نظر جھکا کے
بجھا دئیے ہیں خود اپنے ہاتھوں

نہ سوچنے پر بھی سوچتی ہوں، کہ زندگانی میں کیا رہے گا
تری تمنا کو بس میں کر کے، ترے خیالوں سے دور جا کے
بجھا دئیے ہیں خود اپنے ہاتھوں

***

کچھ اجنبی سے آپ ہیں
آوازیں: طلعت محمود، مبارک بیگم

طلعت:

اتنے قریب آکے بھی کیا جانے کس لئے

اتنے قریب آکے بھی کیا جانے کس لئے

کچھ اجنبی سے آپ ہیں، کچھ اجنبی سے ہم

کچھ اجنبی سے آپ ہیں

مبارک:

وہ ایک بات جو تھی فقط آپ کے لئے

وہ ایک بات جو تھی فقط آپ کے لئے

وہ ایک بات کہہ نہ سکے آپ ہی سے ہم

وہ ایک بات کہہ نہ سکے آپ ہی سے ہم

کچھ اجنبی سے آپ ہیں

طلعت :

ایسی تو کوئی قید نہیں دل کی بات پر

ایسی تو کوئی قید نہیں دل کی بات پر

آپس کی بات ہے تو ڈریں کیوں کسی سے ہم

کچھ اجنبی سے آپ ہیں۔۔۔

مبارک :

تم دور ہو تو موت بھی آئے نہ ہم کو راس

تم دور ہو تو موت بھی آئے نہ ہم کو راس

تم پاس ہو تو جان بھی دے دیں خوشی سے ہم

کچھ اجنبی سے آپ ہیں ۔ ۔ ۔

طلعت :

موت ایک وہم ، اور حقیقت ہے زندگی

موت ایک وہم ، اور حقیقت ہے زندگی

اک دوسرے کو مانگیں گے اس زندگی سے ہم

دونوں :

اک دوسرے کو مانگیں گے اس زندگی سے ہم

اک دوسرے کو مانگیں گے اس زندگی سے ہم

***

پربتوں کے پیڑوں پر شام کا بسیرا ہے
آوازیں : محمد رفیع ، سمن کلیان پور

رفیع :

پر بتوں کے پیڑوں پر شام کا بسیرا ہے
سرمئی اجالا ہے چمپئی اندھیرا ہے

سمن :

دونوں وقت ملتے ہیں دو دلوں کی صورت سے
آسماں نے خوش ہو کر رنگ سا بکھیرا ہے
پر بتوں کے پیڑوں پر

رفیع :

ٹھہرے ٹھہرے پانی میں گیت سر سراتے ہیں
بھیگے بھیگے جھونکوں میں خوشبوؤں کا ڈیرا ہے

پربتوں کے پیڑوں پر

سمن :

کیوں نہ جذب ہو جائیں اس حسیں نظارے میں

روشنی کا جھرمٹ ہے مستیوں کا گھیرا ہے

رفیع :

اب کسی نظارے کی دل کو آرزو کیوں ہے

جب سے پالیا تم کو سب جہان میرا ہے

دونوں :

جب سے پالیا تم کو سب جہان میرا ہے

پربتوں پہ۔۔۔

***

فلم : وقت

موسیقار : روی

چہرے پہ خوشی چھا جاتی ہے

آواز : آشا بھوسلے

چہرے پہ خوشی چھا جاتی ہے آنکھوں میں سرور آ جاتا ہے
جب تم مجھے اپنا کہتے ہو اپنے پہ غرور آ جاتا ہے
چہرے پہ خوشی چھا جاتی ہے

تم حسن کی خود اک دنیا ہو شاید یہ تمہیں معلوم نہیں
محفل میں تمہارے آنے سے ہر چیز پہ نور آ جاتا ہے
چہرے پہ خوشی چھا جاتی ہے

ہم پاس سے تم کو کیا دیکھیں تم جب بھی مقابل ہوتے ہو
بیتاب نگاہوں کے آگے پردہ سا ضرور آ جاتا ہے
چہرے پہ خوشی چھا جاتی ہے

جب تم سے محبت کی ہم نے تب جا کے کہیں یہ راز کھلا
مرنے کا سلیقہ آتے ہی جینے کا شعور آ جاتا ہے
چہرے پہ خوشی چھا جاتی ہے
***

جب سمٹ کے آپ کی باہوں میں آ گئے

آوازیں : مہیندر کپور، آشا بھوسلے

آشا : ہم جب سمٹ کے آپ کی باہوں میں آ گئے
لاکھوں حسین خواب نگاہوں میں آ گئے
ہم جب سمٹ کے آپ کی باہوں میں آ گئے

خوشبو چمن کو چھوڑ کے سانسوں میں گھل گئی
لہرا کے اپنے آپ جواں زلف کھل گئی
ہم اپنی دل پسند پناہوں میں آ گئے
ہم جب سمٹ کے آپ کی باہوں میں آ گئے

مہیندر :

کہہ دی ہے دل کی بات نظاروں کے سامنے
اقرار کر لیا ہے بہاروں کے سامنے

دونوں جہان آج گواہوں میں آ گئے
آشا : ہم جب سمٹ کے آپ کی بانہوں میں آ گئے

مستی بھری گھٹاؤں کی پرچھائیوں تلے
ہاتھوں میں ہاتھ تھام کے جب ساتھ ہم چلیں
شاخوں سے پھول ٹوٹ کے راہوں میں آ گئے
ہم جب سمٹ کے آپ کی بانہوں میں آ گئے
***

کون آیا کہ نگاہوں میں چمک جاگ اٹھی

کون آیا کہ نگاہوں میں چمک جاگ اٹھی
دل کے سوئے ہوئے تاروں میں کھنک جاگ اٹھی
کون آیا

کس کے آنے کی خبر لے کے ہوائیں آئیں
جسم سے پھول چٹکنے کی صدائیں آئیں
روح کھلنے لگی
روح کھلنے لگی، سانسوں میں مہک جاگ اٹھی
دل کے سوئے ہوئے تاروں میں کھنک جاگ اٹھی
کون آیا

کس نے یوں میری طرف دیکھ کے باہیں کھولیں
شوخ جذبات نے سینے میں نگاہیں کھولیں
ہونٹ تپنے لگے

ہونٹ تپنے لگے، زلفوں میں لچک جاگ اٹھی
دل کے سوئے ہوئے تاروں میں کھنک جاگ اٹھی
کون آیا

کس کے ہاتھوں نے مرے ہاتھوں سے کچھ مانگا ہے
کس کے خوابوں نے مرے خوابوں سے کچھ مانگا ہے
دل مچلنے لگا
دل مچلنے لگا، آنچل میں دھنک جاگ اٹھی
دل کے سوئے ہوئے تاروں میں کھنک جاگ اٹھی
کون آیا کہ نگاہوں میں چمک جاگ اٹھی
دل کے سوئے ہوئے تاروں میں کھنک جاگ اٹھی
کون آیا
***

اے میری زہرہ جبیں

آواز: مناڈے

اے میری زہرہ جبیں

تجھے معلوم نہیں

تُو ابھی تک ہے حسیں

اور میں جواں

تجھ پہ قربان میری جان میری جان

اے میری۔۔۔

یہ شوخیاں یہ بانکپن

جو تجھ میں ہے کہیں نہیں

دلوں کو جیتنے کا فن

جو تجھ میں ہے کہیں نہیں

میں تیری
میں تیری آنکھوں میں پا گیا دو جہاں
اے میری۔۔۔

تُو میٹھے بول جانِ من
جو مسکرا کے بول دے
تو دھڑکنوں میں آج بھی
شراب رنگ گھول دے
او صنم
او صنم میں میں تیرا عاشقِ جاوداں
اے میری۔۔۔
***

میں نے اک خواب سا دیکھا ہے

آوازیں: مہیندر کپور، آشا بھوسلے

مہیندر:
میں نے اک خواب سا دیکھا ہے کہوں یا نہ کہوں
میں نے اک خواب سا دیکھا ہے

آشا:
کہو

مہیندر:
سن کے شرما تو نہیں جاؤ گی؟

آشا:
نہیں، تم سے نہیں

مہیندر:

میں نے دیکھا ہے کہ پھولوں سے لدی شاخوں میں
تم لچکتی ہوئی یوں میری قریب آئی ہو
جیسے مدت سے یوں ہی ساتھ رہا ہو اپنا
جیسے اب کی نہیں صدیوں کی شناسائی ہو
میں نے ایک خواب سا دیکھا ہے

آشا :

میں نے بھی خواب سا دیکھا ہے

مہیندر :

کہو، تم بھی کہو

آشا :

خود سے اترا تو نہیں جاؤ گے ؟

مہیندر :

نہیں خود سے نہیں

آشا :

میں نے دیکھا ہے کہ گاتے ہوئے جھرنوں کے قریب

اپنی بیتابی جذبات کہی ہے تم نے
کانپتے ہونٹوں سے رکتی ہوئی آواز کے ساتھ
جو مرے دل میں تھی وہ بات کہی ہے تم نے

مہیندر :

میں نے اک خواب سا دیکھا ہے

آنچ دینے لگا قدموں کے تلے برف کا فرش
آج جانا کہ محبت میں ہے گرمی کتنی
سنگ مرمر کی طرح سخت بدن میں تیرے
آ گئی ہے میرے چھو لینے سے نرمی کتنی
میں نے اک خواب سا دیکھا ہے

ہم چلے جاتے ہوں اور دور تلک کوئی نہیں
صرف پتوں کے چٹکنے کی صدا آتی ہے
دل میں کچھ ایسے بکھیڑوں نے بھی کروٹ لی ہے
مجھ کو تم سے نہیں اپنے سے حیا آتی ہے

مہیندر :

میں نے دیکھا ہے کہ کہرے سے بھری وادی میں
میں یہ کہتا ہوں، چلو آج کہیں کھو جائیں

آشا :

میں یہ کہتی ہوں، کہ کھونے کی ضرورت کیا ہے
اوڑھ کر دھند کی چادر کو یہیں سو جائیں

مہیندر :

میں نے اک خواب سا دیکھا ہے کہوں یا نہ کہوں
میں نے اک خواب سا دیکھا ہے

***

فلم : غزل

موسیقار : مدن موہن

کسے پیش کروں ۔۔۔ ا

آواز : محمد رفیع

عشق کی گرمی جذبات کسے پیش کروں
یہ سلگتے ہوئے دن رات کسے پیش کروں
کسے پیش کروں
کسے پیش کروں
کسے پیش کروں

حسن اور حسن کا ہر ناز ہے پردے میں ابھی
اپنی نظروں کی شکایات کسے پیش کروں

کسے پیش کروں
کسے پیش کروں
کسے پیش کروں

تیری آواز کے جادو نے جگایا ہے جنہیں
وہ تصور، وہ خیالات کسے پیش کروں
کسے پیش کروں
کسے پیش کروں

اے مری جان غزل، اے مری ایمان غزل
اب سوا تیرے یہ نغمات کسے پیش کروں
کسے پیش کروں
کسے پیش کروں

کوئی ہم راز تو پاؤں کوئی ہمدم تو ملے
دل کی دھڑکن کے اشارات کسے پیش کروں
کسے پیش کروں
کسے پیش کروں

***

کسے پیش کروں ۔۔ ۲

آواز : محمد رفیع

نغمہ و شعر کی سوغات کسے پیش کروں
یہ چھلکتے ہوئے جذبات کسے پیش کروں
کسے پیش کروں
کسے پیش کروں
کسے پیش کروں

شوخ آنکھوں کے اجالوں کو لٹا دوں کس پر
مست زلفوں کی سیہ رات کسے پیش کروں
کسے پیش کروں

گرم سانسوں میں چھپے راز بتاؤں کس کو

نرم ہونٹوں میں دبی بات کیسے پیش کروں
کیسے پیش کروں

کوئی ہم راز تو پاؤں کوئی ہمدم تو ملے
دل کی دھڑکن کے اشارات کیسے پیش کروں
کیسے پیش کروں
***

کسے پیش کروں ۔۔ ۳

آواز : محمد رفیع

رنگ اور نور کی بارات کسے پیش کروں
یہ مرادوں کی حسیں رات کسے پیش کروں
کسے پیش کروں

میں نے جذبات نبھائے ہیں اصولوں کی جگہ
اپنے ارمان پرولایا ہوں پھولوں کی جگہ
تیرے سہرے کی یہ سوغات کسے پیش کروں
یہ مرادوں کی حسیں رات کسے پیش کروں
کسے پیش کروں

یہ مرے شعر مرے آخری نذرانے ہیں
میں ان اپنوں میں ہوں جو آج سے بیگانے ہیں
بے تعلق سی ملاقات کسے پیش کروں
یہ مرادوں کی حسیں رات کسے پیش کروں
کسے پیش کروں
کسے پیش کروں

سرخ جوڑے کی تب و تاب مبارک ہو تجھے
تیری آنکھوں کا نیا خواب مبارک ہو تجھے
میں یہ خواہش یہ خیالات کسے پیش کروں
یہ مرادوں کی حسیں رات کسے پیش کروں
کسے پیش کروں
کسے پیش کروں

کون کہتا ہے کہ چاہت پہ سبھی کا حق ہے

تو جسے چاہے ترا پیار اسی کا حق ہے
مجھ سے کہہ دے میں ترا ہات کسے پیش کروں
یہ مرادوں کی حسیں رات کسے پیش کروں
کسے پیش کروں
کسے پیش کروں
کسے پیش کروں

***

دل خوش ہے آج ان سے ملاقات ہو گئی
آواز : محمد رفیع

دل خوش ہے آج ان سے ملاقات ہو گئی
گو دور ہی سے بات ہوئی بات ہو گئی
دل خوش ہے آج ان سے ملاقات ہو گئی

ان سے ہمارا کوئی تعلق تو بن گیا
بگڑے بھی وہ اگر تو بڑی بات ہو گئی
دل خوش ہے آج ان سے ملاقات ہو گئی

دھڑکن بڑھی تو سانس کی خوشبو بکھر گئی
آنچل اڑا تو رنگ کی برسات ہو گئی
دل خوش ہے آج ان سے ملاقات ہو گئی

جی چاہتا ہے مان بھی لیں ، اب خدا کو ہم
جس کا یقیں نہ تھا وہ کرامات ہو گئی
دل خوش ہے آج ان سے ملاقات ہو گئی

***

میری محبوب کہیں اور ملا کر مجھ سے

آواز : محمد رفیع

تاج تیرے لیے اک مظہر الفت ہی سہی
تجھ کو اس وادیِ رنگیں سے عقیدت ہی سہی
میری محبوب کہیں اور ملا کر مجھ سے
میری محبوب کہیں اور ملا کر مجھ سے

بزم شاہی میں غریبوں کا گزر کیا معنی
ثبت جس راہ میں ہوں سطوت شاہی کے نشاں
اس پہ الفت بھری روحوں کا سفر کیا معنی
میری محبوب کہیں اور ملا کر مجھ سے

میری محبوب پس پردہ تشہیر وفا

تو نے سطوت کے نشانوں کو تو دیکھا ہوتا
مردہ شاہوں کے مقابر سے بہلنے والی
اپنے تاریک مکانوں کو تو دیکھا ہوتا
میری محبوب کہیں اور ملا کر مجھ سے

ان گنت لوگوں نے دنیا میں محبت کی ہے
کون کہتا ہے کہ صادق نہ تھے جذبے ان کے
لیکن ان کے لیے تشہیر کا سامان نہیں
کیونکہ وہ لوگ بھی اپنی ہی طرح مفلس تھے
میری محبوب کہیں اور ملا کر مجھ سے

یہ عمارات و مقابر یہ فصیلیں یہ حصار
مطلق الحکم شہنشاہوں کی عظمت کے ستوں
سینۂ دہر کے ناسور ہیں کہنہ ناسور
جذب ہے ان میں ترے اور مرے اجداد کا خوں
میری محبوب کہیں اور ملا کر مجھ سے

میری محبوب انہیں بھی تو محبت ہو گی
جن کی صناعی نے بخشی ہے اسے شکل جمیل
ان کے پیاروں کے مقابر رہے بے نام و نمود
آج تک ان پہ جلائی نہ کسی نے قندیل
میری محبوب کہیں اور ملا کر مجھ سے

یہ چمن زار یہ جمنا کا کنارہ یہ محل
یہ منقش در و دیوار یہ محراب یہ طاق
اک شہنشاہ نے دولت کا سہارا لے کر
ہم غریبوں کی محبت کا اڑایا ہے مذاق
میری محبوب کہیں اور ملا کر مجھ سے
***

فلم : سادھنا

موسیقار : این دتا

سنبھل اے دل

محمد رفیع / آشا بھونسلے

آشا :
سنبھل اے دل تڑپنے اور تڑپانے سے کیا ہوگا
جہاں بسنا نہیں ممکن وہاں جانے سے کیا ہوگا
رفیع :
چلے آؤ کہ اب منہ پھیر کر جانے سے کیا ہوگا
جو تم پر مر مٹا اس دل کو تڑپانے سے کیا ہوگا
سنبھل اے دل

آشا :

ہمیں سنسار میں اپنا بنانا کون چاہے گا
یہ مسلے پھول سیجوں پر سجانا کون چاہے گا
تمناؤں کو جھوٹے خواب دکھلانے سے کیا ہوگا
سنبھل اے دل

رفیع :

تمہیں دیکھا تمہیں چاہا تمہیں پوجا ہے اس دل نے
جو سچ پوچھو تو پہلی بار کچھ مانگا ہے اس دل نے
سمجھتے بوجھتے انجان بن جانے سے کیا ہوگا
سنبھل اے دل

آشا :

جنہیں ملتی ہیں خوشیاں وہ مقدر اور ہوتے ہیں
جو دل میں گھر بناتے ہیں وہ دلبر اور ہوتے ہیں
امیدوں کو کھلونے دے کے بہلانے سے کیا ہوگا

سنبھل اے دل

رفیع :
بہت دن سے تھی دل میں اب زباں تک بات پہنچی ہے
وہیں تک اس کو رہنے دو جہاں تک بات پہنچی ہے
جو دل کی آخری حد ہے وہاں تک بات پہنچی ہے
جسے کھونا یقینی ہو اسے پانے سے کیا ہوگا
سنبھل اے دل

***

آج کیوں ہم سے پردہ ہے

آوازیں : محمد رفیع، بلبیر اور ساتھی

آج کیوں ہم سے پردہ ہے
پردہ ہے جی
آج کیوں ہم سے پردہ ہے

تیرا ہر رنگ ہم نے دیکھا ہے
تیرا ہر ڈھنگ ہم نے دیکھا ہے
ہاتھ کھیلے ہیں تیری زلفوں سے
آنکھ واقف ہے تیرے جلووں سے
تجھ کو ہر طرح آزمایا ہے
پا کے کھویا ہے کھو کے پایا ہے
انکھڑیوں کا بیاں سمجھتے ہیں

دھڑکنوں کی زباں سمجھتے ہیں
چوڑیوں کی کھنک سے واقف ہیں
چھاگلوں کی چھنک سے واقف ہیں
ناز و انداز جانتے ہیں ہم
تیرا ہر راز جانتے ہیں ہم
پھر۔۔۔۔
آج کیوں ہم سے پردہ ہے
پردہ ہے جی
آج کیوں ہم سے پردہ ہے

منہ چھپانے سے فائدہ کیا ہے
دل دکھانے سے فائدہ کیا ہے
الجھی الجھی لٹیں سنوار کے آ
حسن کو اور بھی نکھار کے آ
نرم گالوں میں بجلیاں لے کر
شوخ آنکھوں میں تتلیاں لے کر
آ بھی جا اب ادا سے لہراتی

ایک دلہن کی طرح شرماتی

تو نہیں ہے تو رات سونی ہے

عشق کی کائنات سونی ہے

مرنے والوں کی زندگی تو ہے

اس اندھیرے کی روشنی تو ہے

آج کیوں ہم سے پردہ ہے

پردہ ہے جی

آج کیوں ہم سے پردہ ہے

آ ترا انتظار کب سے ہے

ہر نظر بے قرار کب سے ہے

شمع رہ رہ کے جھلملاتی ہے

سانس تاروں کی ڈوبی جاتی ہے

تو اگر مہرباں ہو جائے

ہر تمنا جواں ہو جائے

آ بھی جا اب کہ رات جاتی ہے

ایک عاشق کی بات جاتی ہے

خیر ہو تیری زندگانی کی
بھیک دے دے ہمیں جوانی کی
تجھ پہ سو جان سے فدا ہیں ہم
ایک مدت کے آشنا ہیں ہم
آج کیوں ہم سے پردہ ہے
پردہ ہے جی
آج کیوں ہم سے پردہ ہے
***

عورت نے جنم دیا مردوں کو
آواز: لتا منگیشکر

عورت نے جنم دیا مردوں کو، مردوں سے اسے بازار دیا
جب جی چاہا مسلا کچلا، جب جی چاہا دھتکار دیا
عورت نے جنم دیا مردوں کو

تلتی ہے کہیں دیناروں میں، بکتی ہے کہیں بازاروں میں
ننگی نچوائی جاتی ہے عیاشوں کے درباروں میں
یہ وہ بے عزت چیز ہے جو بٹ جاتی ہے عزت داروں میں
عورت نے جنم دیا مردوں کو، مردوں سے اسے بازار دیا

مردوں کے لئے ہر ظلم روا، عورت کے لئے رونا بھی خطا
مردوں کے لئے ہر عیش کا حق، عورت کے لئے جینا بھی سزا
مردوں کے لئے لاکھوں سیجیں، عورت کے لئے بس ایک چتا

عورت نے جنم دیا مردوں کو، مردوں سے اسے بازار دیا

جن سینوں نے ان کو دودھ دیا، ان سینوں کا بیوپار کیا
جس کوکھ میں ان کا جسم ڈھلا، اس کوکھ کا کاروبار کیا
جس تن سے اگے کونپل بن کر، اس تن کو ذلیل و خوار کیا
عورت نے جنم دیا مردوں کو، مردوں سے اسے بازار دیا

سنسار کی ہر اک بے شرمی غربت کی گود میں پلتی ہے
چکلوں ہی میں آ کر رکتی ہے، فاقوں سے جو راہ نکلتی ہے
مردوں کی ہوس ہے جو اکثر عورت کے پاپ میں ڈھلتی ہے
عورت نے جنم دیا مردوں کو، مردوں سے اسے بازار دیا

عورت سنسار کی قسمت ہے، پھر بھی تقدیر کی ہیٹی ہے
اوتار پیمبر جنتی ہے پھر بھی شیطان کی بیٹی ہے
یہ وہ بد قسمت ماں ہے جو بیٹوں کی سیج پہ لیٹی ہے
عورت نے جنم دیا مردوں کو، مردوں سے اسے بازار دیا
***